真我三論

印度靈性導師
拉瑪那尊者的核心教誨

Sri Ramana Maharshi's
Words of Grace

拉瑪那尊者 Sri Ramana Maharshi 著
蔡神鑫 譯

譯序 7

導讀：拉瑪那尊者給你翅膀 蔡神鑫 9

原序 21

第一篇　我是誰 23

第二篇　探究真我 41

第一章　我是誰 43

第二章　心思 47

第三章　世界 54

第四章　自我（生命個體） 57

第五章　至上之在 59

第六章　至上真我之知 61

第七章　敬拜神 63

第八章　解脫 65

第九章　瑜伽八支法 71

第十章　真知八支法　76
第十一章　棄世　79
第十二章　結語　80

第三篇　靈性教導　81
禱詞　83
教導要旨　85
第一章　教導　86
第二章　修行　91
第三章　體驗　108
第四章　成就　113

附錄一　拉瑪那尊者生平事略　121
附錄二　延伸閱讀書目　124
譯註　128

說明：①表原書附註，列於每篇章後。1表譯者譯註，列於本書末。

譯序

蔡神鑫

今日印度拉瑪那道場（Sri Ramanasramam）對來自世界各地的訪客，皆建議閱讀拉瑪那尊者三篇經典性重要專文：〈我是誰〉（*Nan Yar, Who am I*）、〈探究真我〉（*Vichara Sangraham, Self-enquiry*）、〈靈性教導〉（*Upadesa Manjari, Spiritual Instruction*）；其中〈我是誰〉是教誨的大旨，〈探究真我〉是踐行的方法，〈靈性教導〉則其羽翼。這三篇專文構成拉瑪那教誨的核心論述，是瞭解教誨的入門之階，也是登其堂廡的直捷通道。拉瑪那道場合輯一冊，便利閱覽。

〈我是誰〉與〈探究真我〉問世以來，其內容體例，有問答版及散文版兩種[1]。散文版[2]刪除提問部分，係拉瑪那尊者以坦米爾文手撰[3]，簡潔扼要，殊為可貴。本書內載的這兩篇專文，係採散文體例，是今日全球唯一散文版中文譯本。

紅桌文化出版社承印度拉瑪那道場授權，在台發行這三篇重要核心專論，中文版書名《真我三論》，何其殊勝，幸讀者明鑒。

導讀

拉瑪那尊者給你翅膀

蔡神鑫

近世印度著名靈性導師拉瑪那尊者（Sri Ramana Maharshi, 1879-1950），於一九五〇年辭世，逾一甲子以來，全球各地信徒及訪客，造訪其道場，未曾衰減，其所垂教，影響日宏，乃當今世界矚目的印度聖者。拉瑪那十六歲開悟後，逕赴聖山阿魯那佳拉（Arunachala），噤口默修，冥會真我（Self）。若干精誠的尋道者前來請益，彼此以紙筆問答，有時拉瑪那甚至用手指寫在沙土上，後人輯錄印行，成為拉瑪那教誨的不刊之論，其中最著名的三篇論著是：〈我是誰〉、〈探究真我〉、〈靈性教導〉，為今日拉瑪那道場（Sri Ramanasramam）向全球訪客推薦必讀的書冊，組構成拉瑪那教誨的核心論述。

一、三論緣起

拉瑪那尊者居留於聖山東南方山腰處的維魯巴沙洞屋（Virupaksha Cave）時，約於一九〇〇年至一九〇二年期間，尋道者甘布倫・謝夏雅（Gambhiram Seshayya）來訪，他是首位有系統向拉瑪那詢問生命真理議題的信徒，素來對印度教聖典及瑜伽教義，頗多探研，然對箇中深層義理，尚未融釋[1]，於是赴維魯巴沙洞屋，向拉瑪那執經請益。當時拉瑪那鎮日默坐，對他所提的各項問題，以坦米爾文（Tamil）寫在紙上，兩人字紙互傳或口問筆答，其間歷經三年，謝夏雅蒐集拉瑪那書寫的答覆紙張及自己的筆錄文字，為數甚夥；迨於一九二〇年代末，謝夏雅逝世時，家人在其遺物中發現這些珍貴文件[2]，乃交付給知名信徒納塔那南達（Natanananda）[3]，整理編訂成問答體例的內容[4]，於一九三〇年以《探究真我》（*Vichara Sangraham*）為書名，發行坦米爾文版本，後來譯成泰盧固文（Telugu），再譯成英文。根據著名信徒亞瑟・奧斯本（Arthur Osborne）的說法，這是拉瑪那生平手撰教誨論述的第一篇作品，撰寫時間在一九〇二年，時年二十二歲[5]。

約於甘布倫．謝夏雅問道的同一時期，另一位重要信徒西瓦普雷克薩姆．皮萊（Sivaprakasam Pillai）一向究心於生命哲學，探索「我是誰」，苦思不解，於一九〇二年訪拉瑪那，時拉瑪那暫棲身於維魯巴沙洞屋下坡處的古海．那瑪斯瓦雅神廟（Guhai Namasivaya temple），皮萊提出十四項靈性議題，拉瑪那於噤語之餘，用手指將答覆寫在神廟前空地的沙土上，或有時用粉筆寫在石板上。皮萊憑其記憶，記錄兩人問答的要點，於一九二三年，皮萊編輯付梓，以〈我是誰〉（*Nan Yar*）專文，附錄在其記述拉瑪那生平事略的著作中[6]。一九二六年，拉瑪那將〈我是誰〉的內容刪去提問部分，並改寫若干文字，親撰成散文體版本[7]。後來，參訪道場的訪客，每向拉瑪那詢及如何瞭解其教誨大旨時，拉瑪那總是指示應閱讀〈我是誰〉，足見這篇專論之重要[8]。

第三篇專論〈靈性教導〉（*Upadesa Manjari*）的編者是納塔那南達。他於一九一八年初訪拉瑪那於史堪德道場（Skandashram），尋求開示，但拉瑪那始終靜默無語，他覺得一無所獲，祈求拉瑪那加惠恩典，拉瑪那說：「我的恩典始終在這裡，加惠於你，若你無法體認，我又奈何呢？」[9]當時，納塔那南達不知，拉瑪那的教導乃屬不言之教，其恩典之加惠，在潛移默化之中。後來，納塔那南達仍然精進不懈，約在一九二〇年至一九二八年期間，不時訪謁拉瑪那，向其請益，並親聆拉瑪那對信徒的教導，他即時筆錄，呈請拉瑪那修正文字，後來輯印成〈靈性教導〉專文[10]，闡述教誨的實務面，與上述兩篇專論詮釋教誨的理論面略異，乃拉瑪那教誨的羽翼。

二、核心教誨

拉瑪那教誨的核心論述是「我是誰」。一九三九年一月一日，南印度某大學哲學系教授參訪道場，請拉瑪那惠示其教誨宗旨，拉瑪那即席指示閱讀〈我是誰〉[11]，此時距他親撰這篇專文，已歷十三年，兩人的對話如下：

問：能否惠示尊者的教誨大要？

答：可在某些書冊上找到，特別是這本〈我是誰〉。

問：我將會閱讀這些書冊，但能否請尊者親口開示教誨的核心。
答：核心是「那個」東西。
問：我不明白。
答：找到那個「中心」。
問：我來自神。神不是有別於我嗎？
答：是誰在問這個問題？神不會問這個問題。是「你」在提問，找到你是誰，然後便知道，神是否有別於你[12]。

這段扼要的對話，揭露拉瑪那教誨的核心宗旨〈我是誰〉及踐行方法〈探究真我〉。前者以「我」為核心主題，可謂是教誨的本體論，後者以「找到那個中心」，為其踐行目標，可謂是教誨的工夫論。本體與工夫，密切互磋，二者一體，成為拉瑪那教誨核心的主軸。知名信徒沙度・翁姆（Sadhu Om）論道：「拉瑪那將『探究真我』，指稱為『我是誰』。」誠然有其見地[13]。

為什麼拉瑪那要以「我是誰」作為探索生命、破除苦厄的首要議題呢？拉瑪那在其手撰的《真理四十詩頌》（*Ulladu Narpadu*）中指出：「生命個體、世界、神，乃幻象在其虛幻遊戲中之三物，亦是一切宗教建構之基石。」[14]其對訪客屢言：「生命個體、世界、神，皆從『我』出；若『我』或心思寂滅，則三者俱滅。」[15]若詢及「苦難何時才能止息？」則回答是：「生命個體的認知消失，苦難才能止息。」[16]沙度·翁姆認為，生命個體即是「我」的概念感知，是幻象三物之首要，所以拉瑪那直接針對「我」[17]，而勉人採行探究的方法，深入其中，直至真我自顯，此謂之「探究真我」。

至於如何探究這個「我」呢？拉瑪那在其另一篇重要論著〈教導精義〉（*Upadesa Saram*）論道：「『我』在何處萌發，往內尋覓，『我』便消失，這是智慧的探索。當心思不斷自勘其自身的本質，心思便消泯，這是直接的路徑。」[18]有訪客詢及探究內在的「我是誰」，究為何義？拉瑪那闡述：「在返內探究『我是誰』時，所檢視的『我』是自我（ego），這是自我在行使探究，真我無所謂探究；那個探究的行使，是自我，而所探究的那個『我』，也是自我。探究的結果是，自我泯然無存，唯真我獨在。」[19]在拉瑪那的語彙中，「我」、我之思維（'I'-thought）、我之感知（the feeling 'I'）、心思（mind）、自我（ego）等，同為一物，俱屬虛幻；然則，虛幻的我，又如何勘破其自身，而摒棄其虛幻呢？拉瑪那的英文版傳記作者納雷辛荷（B.V. Narasimha）便提出這項質疑，拉瑪那的答覆是：

「我」擺脫虛幻的「我」，則存留者是「我」，這就是了悟真我的弔詭。悟者對此，認為並無矛盾[20]。

拉瑪那提出弔詭性的釋疑，對此釋疑，吾人應如何解讀呢？沙度・翁姆提出「真我－專注」（Self-attention）之說詮釋之。他指出，心思如何能否定自己呢？在探究時，心思除了自己反覆重申「我不是身體」之外，心思僅能以真我而如如其在；因此，探究並非心思自某物朝向另一物而行使，而是心思的注意力投注在第一人稱「我」的感知上[21]。質言之，心思探究「我」，即是心思探究心思自身，而探究其自身，即是擺脫其自身，則既存的真我自然呈露，故拉瑪那說：「我」（心思）擺脫虛幻的「我」（自我），則存留者是「我」

（真我）。沙度．翁姆又指出，當心思注意力朝向其自身時，其力乃回溯而匯集在頭腦，融於本心，則生命粹然的意識，為其源頭，萌然朗現[22]。這便是吾人的生命力，因自勘「我是誰」而呈露真我的「探究真我」之論述。故沙度．翁姆將了悟真我（Self-realization）與專注真我（Self-attention）等同齊觀，彼此互稱。一九四六年十一月二十四日，拉瑪那答覆信徒C女士（Mrs. C）時，亦闡述此義，他說：「若你集中注意力在『我是誰』，則其他思維不起，唯真我獨在，你並非獲得什麼，或走到什麼境界，因為真我始終自顯而在焉。」[23]這個始終自顯而在焉的真我，便是你生命本然的原質，因其自顯，故真我又與覺知（awareness）並列同稱，而說「真我－覺知」（Self-awareness），拉瑪那甚至乾脆直接說：「你就是覺知；覺知是你的另一個名字。」[24]至此，真我（Self）與專注（attention）、覺知（awareness）、了悟（realization），甚至與探究（enquiry）[25]，打成一片，對熟稔拉瑪那教誨的信徒或學者，便在這些語彙中參透教誨的意涵；而其中知名學者哈許．路德博士（Dr. Harsh K. Luthar）的詮釋，最為精闢，他論道：

探究真我是注意力從感知移轉至感知者身上，其意識的本質自身，就是注意力中心之所在。行探究真我時，意識並非投注在任何一處，乃投注其自身。注意力專注在注意力其自身，即是探究真我。意識成為聚焦自己，即是探究真我。心思返內至其源頭，即是探究真我。覺知力覺知其自身，即是探究真我。當注意力（覺知力）成為自身聚焦，此謂之探究真我。當注意力點亮注意、覺知力點亮覺知、意識力點亮意識，真我乃被了悟，而成為存在、意識、幸福（*Sat-Chit-Ananda*）；此終極核心之主體所在，拉瑪那尊者稱為本心（Heart），以寂靜之姿，邁越一切知解[26]。

吾人之注意力，即是心思的能量，當此能量，被「我」挾持而外馳，生命終受箝制；一旦注意力（心思）專注於心思（注意）自身，則心思的能量，窮源溯流，返回其源頭，質言之，專注其自身，即是內返於源頭。專注自身與內返源頭，畫上等號！心思的能量乃脫離「我」的魔掌，成為純粹的能量，回守在終極核心的真我，那是生命的原力覺醒、原質生機、原始純真，生命終於奪回自主權，熠然朗現，垂拱而治。此時，「我」之感知不存，無人（我）在感知，世界萬物，亦沒有被感知而存在，又何來苦難存在呢？拉瑪那拋出超級震撼彈，轟然粉碎生命一切的幻象。一九四六年六月十九日，訪客加金德拉．梅塔（Gajendra Mehta）詢及今生來世等再生的問題時，拉瑪那慨乎其言道：

那是自我在肇造整個人間生與死的世界，無數的學問，不盡的探討，堆砌成龐雜而困惑的論述，若經由探究真我而消融自我，則整個世界及一切學問將灰飛煙滅，獨留真我，炳然長存[27]。

拉瑪那的教誨，在破解生命的幻象，拔除人生的苦厄——〈我是誰〉是釜底抽薪的根治之道，〈探究真我〉則是引水歸源的自力救濟。根治與自救，為吾人靈魂解脫的關鍵手段，這是拉瑪那核心教誨的特色。在吾人的生命裡，心思殘痕、記憶剪影、習性沉痼，包攝在隱微而虛幻的自我（「我」）裡，潛伏於靈魂轉角的陰暗處，宰制一切，蹂躪生命，成為生命揮之不去的鬼魅、人生永難拔離的苦難；拉瑪那尊者給你翅膀，要你插翅高飛，遠離陰暗，迎向光明，翱翔在晴麗的天空、廣闊的大地，那是諸神的召喚、上帝的懷抱，而使你振翅高飛的雙翼，就是〈我是誰〉與〈探究真我〉這兩篇專論。

原序

拉瑪那道場　發行人

拉瑪那道場曾將三篇知名的拉瑪那專文著述：〈我是誰〉、〈探究真我〉、〈靈性教導〉合輯一冊，以坦米爾文出版發行。今英文版問世，有利於不懂坦米爾文的信徒閱讀。

〈我是誰〉是西瓦普雷克薩姆．皮萊（Sivaprakasam Pillai）參問，而拉瑪那闡述。〈探究真我〉是甘布倫．謝夏雅（Gambhiram Seshayya）請益，而拉瑪那釋義。〈靈性教導〉則是拉瑪那與納塔那南達（Natananda）等信徒的問答輯錄。

應西方國家信徒要求，〈我是誰〉與〈探究真我〉兩專文的內容體例，本書採用散文版本，而非問答版本。

第一篇

我是誰

每個人皆渴望幸福，不為愁苦所困，並珍愛自己，此緣於幸福乃吾人生命固有的本質所致。事實上，人在睡眠時，心思（mind）消退而止息，每天都在體驗幸福。因此，為瞭解生命本然而無染的幸福，吾人應該認清自己；而獲此認知，循探究「我是誰」，以尋真我，乃是最佳的途徑。

「我是誰？」我既非這個物質肉身，也非五類感知器官①；我既非外在活動的五種運作器官②，也非體內生理的五項生命元氣③；我甚至不是那個運作思維的心思，我也不是（在深度睡眠中）[4]無覺知的無意識狀態，雖然在無意識狀態下，仍殘存著隱微的習性（*vasanas*）。我乃超脫於感官及心思等維繫生命運作的活動，並且漠然於感知外物的存在。

因此，棄絕上述一切肉身器官及其運作功能，而說：「我不是這個（身體）。不，這個『我』，非也，不是這個。」則所留存者，分離而獨在，此即純粹覺知之「我在（真我）」（I am），正是存在、意識、幸福的本質。

心思是知識的工具，為一切活動的基礎；心思若能消退，則世界萬物為實體的感知止息。除非草繩誤為蟒蛇的虛幻感知止息，否則草繩之為如如其在不存焉⑤。同理，除非世界萬物誤為實體的虛幻感知止息，否則真我的真實本質之了知，不能獲致。

心思在阿特曼（*Atman*）裡[6]，其力奇特，而人之思維乃起。若深入精究其中，排除一切思維後，所留存者，究為何物，吾人便發現，除卻思維外，並無心思之為物而存在。故知，思維組構成心思。

離卻思維，則無世界存在。在深眠中，並無思維，亦無世界存在。在醒與夢兩境，思維萌起，而世界呈現。正如蜘蛛從其自身吐出絲網，而又回收於其自身，同理，心思從其自身投射出世界，而又沒入於其自身。

當心思萌起而投注於外，則世界被感知為彰顯的物象實體，而離棄了真我本位。故感知於世界，則真我的真實本質，無由顯現；反之，當真我顯現，則世界不再被感知為物象實體。

經由堅定而持續探究心思之本質，心思乃轉異為「那個」（That），此即為「我」，乃是真我（Self）。心思必須依住在某粗質之物，俾以生存；心思無法自身獨在存活，心思亦別稱為精微體（subtle body）、自我（ego）、生命個體（*jiva*）或靈魂（soul）。

在此身軀中萌起而指稱為「我」者，其為心思。若進而探究這個「我」之思維（'I'-thought），其最初起源於何處，則便知來自「這個中心」（*hrdayam*）⑦，或稱「本心」（Heart）。那是心思的源頭駐處，或者有人持續專注，一心覆誦「我－我」，則亦能朝抵相同的源頭。

在心思中，一切思維之萌起，其首要者，為最基本的「我」之思維。「我」之思維萌起，而後無數思維繼起。換言之，只有在第一人稱的「我」萌起後，才會有第二、第三人稱，所謂「你」、「他」的萌起。若無前者先行，則無後者存在。

因為每個思維之萌起，皆在「我」之思維萌起之後，而心思又僅是一團思維之總匯，故經由探究「我是誰」，心思便能止息。而且，在探究中，「我」之思維，誠屬必要，蓋得以藉此摧毀其他一切思維，而最終「我」之思維摧毀其自身，猶如以柴枝撥滅火葬柴堆的餘火，最終柴枝焚燬其自己。

若在探究過程中，諸多思維不斷萌起，切莫任其遂行，反而要深入探究「這些思維是誰在萌起」，不論多少思維一再萌起，你要即時精警探究，則你將發現，是由「我」而萌起；若你再探究這個「我」是誰，則心思便內返而消退。持此態度，在探究真我的修持上，堅定不懈，則心思的能量增強，而駐止於其源頭。

當精微的心思，經由心智及感官運作，馳逐於外，則世界的名相，蔚然而起。另一方面，若心思堅守在本心，則消退而止息。制止心思外馳，消融於本心，謂之內返（*antarmukha-drishti*）。釋放心思，自本心萌發，謂之外馳（*bahirmukha-drishti*）。

持此修行，心思將消融於本心，以我或自我為中心的繁複思維，終將滅除。純粹意識或真我，嶄然獨存於心思諸境中[8]，朗現輝照，就是這個境地，「我」之思維，杳然無蹤，那是生命真實的「在」（Being），稱之為寂靜（*mouha*）。

這個境地，乃生命本有的純粹之「在」，即是「智慧洞識」，其本質意涵是，心思渾然消融於真我；除此之外，任何心思上的通靈異能，如讀心術、他心通、天眼通等，都不能稱得上是智慧[9]。

阿特曼獨在而真實。世界、生命個體、神等三面向，猶如銀光閃閃之於珍珠貝母，俱為幻象，乃阿特曼的想像造物，其為俱起而俱滅。唯真我獨在，其本身就是世界、我及神。萬物一切的存在，皆是至上（the Supreme）的顯化呈現。

使心思止息，沒有比探究真我更有效而妥適的方法了。若採行其他方法，心思或許表面止息，但不久將復萌而起。

例如，控制呼吸法（*pranayama*）的修練，可以使心思止息，但其止息，僅限於呼吸控制的時段而已；一旦呼吸控制鬆懈，隱微的習性立即浮現，心思於是萌而外馳。

心思與呼吸、生命元氣的源頭相同。繁複的思維，組構成心思，而「我」之思維，亦即自我，為心思之首要。呼吸之起源與自我之萌起，二者並無異處。因此，心思消退，則呼吸及生命元氣消退，反之亦然。

呼吸及生命元氣，亦被視為是心思的粗質顯化。直到死亡時刻，心思始終在體內維持其生命元氣。當生命告終，心思包覆著生命元氣，夾持而去；然而，人在睡眠時，雖然心思隱而不彰，但其人之生命元氣仍然在持續運作，這是出於神的法則，為使人在睡眠時，無須擔心自身生命的安危。若上天無此安排，則睡眠時的身體，有被抬出焚化之虞。呼吸所呈現的生命元素，是被視為心思背後的觀察指標；只是，在醒時與三摩地境中，當心思消退，則呼吸亦漸淺息。據此而論（因為心思對呼吸及生命元氣有其維生能力，亦是二者之隱性存在。）控制呼吸法的修練，僅是對心思的消退，有其效益，但無法完全滅絕心思。

至於其他修持的方法，例如冥想形像、持咒覆誦、嚴規飲食等，與呼吸控制法大致無異。對於控制心思，僅是助益而已。經由修持冥想或持咒，則心注一處，此猶如象的鼻子，四處晃動，若以鐵鍊拴住，則象鼻固定，不再妄動觸物；心思亦然，若藉著冥想或持咒，加以修練，則可馴服心思之走作，使其在名相上固定不動。

若心思裂解成無數的諸多思維，則每個單一思維，其勢能便轉弱，而乏效力；然則，這樣的思維情勢消退而止息時，心思轉為專一，其力反呈現強化而持久，較易於以探究的修持方法，尋覓真我。

規律飲食、純淨食物⑩、適當食量，是良好生活行為的準則，有利於淨化心思⑪，對探究真我的修持，亦有裨益。

無數的習性，接踵而來，有如汪洋的波浪，不斷湧至，心思為之騷動不寧，但在修持探究真我，或持守冥想真我之精進中，習性終將為之廓清。吾人應堅定於冥想真我的修持，努力不懈，不使思維絲毫留存於純質之真我中，而對習性是否能掃除淨盡，也毋庸置疑。

不論其人如何罪孽深重，若能不自哀號：「啊！我是個罪人，如何能解脫呢？」並且盡棄罪人的念頭，而熱誠真切，修持冥想真我，則他必將有所斬獲，終能洗心革面。

一旦有絲毫隱微的習性，潛伏於心思，則必須修持「我是誰」的探究。若有任何思維萌起，則吾人應在其最初萌起處，以探究真我的方法，即時一舉殲滅。

對於吾外之事物，毫無意欲，乃為無染（*vairagya*）或無欲（*nirasa*）。堅守在吾內之真我，是為真知。無染與真知，其義一也。正如採掘珍珠之人，在腰際繫以石塊，潛入海底，掘取珍珠。每個真誠的尋道者，應誓以無染為心志，深入吾內，俾獲致珍貴的真我。熱誠的尋道者，若能時刻不忘本身自明的真我，便為已足。紛亂而散漫的思維，有如潛伏在要塞中的敵人，若讓敵人竊據其內，他們勢必伺機突襲，但若你能在敵人出現時，揮劍立斬，最後必將收復失地。

神與上師，並無二致，其為一也。若有人蒙受上師的恩典，必獲拯救，永不被遺棄，猶如獵物，落入老虎的口中，永無脫身之日；但身為門徒者，仍應恪遵上師的法門，精進不懈。

堅毅守在阿特曼，了無絲毫思維萌起，貞定於冥想真我，這是我身臣服於至上主，讓一切的負荷，由祂承擔。事實上，上主以無窮的力量，諭命、守護並掌控所發生的萬事萬物，所以為何要心生憂愁，折磨自己，而苦惱道：「我們應這樣做嗎？不對，還是要那樣做？」何不悅然歸順，將一切交託給這個力量？既然知道火車承載所有的重量，為何身為旅客的我們，還要將個人的行李放在腿上，徒增負擔？何不將一身重擔置於一旁，輕鬆乘坐呢？

幸福即是真我，真我與幸福，二而一也，並無區別。「那個」獨在，是真實的。世上萬物中，並無任何單一事物，可稱之為幸福。由於全然無明、毫無智慧，吾人幻想幸福可自外物取得；但適得其反，若心思馳逐於外物，吾人將遭受痛苦與煩惱。實則，當吾人之欲求滿足時，心思便歸返於其源頭，安住其內，體驗其中，幸福感於是油然生焉，那是真我本質的自然情態。類似這種情形，在深層睡眠時、在心神忘我（三摩地）時、在所欲實現時、在兇惡不悅之事物遠離時，心思則幡然內返，安享阿特曼的福祉。因此，在離卻真我，騖馳於外物，與內返於其歸宿之間，心思疲於奔波，永無休止，厭煩至極。

在樹蔭下，是愉悅的，但在炙陽下，則燠熱難受。有個人在驕陽下，苦不堪言，便尋找樹蔭的涼爽，頓覺快活，但停留不久，又移離樹蔭，直到不堪炎熱之苦，他再度尋找樹蔭。像這樣，他在炙陽與樹蔭兩處，不停往返。

愚人就是這樣，但智者永不離樹蔭。悟者的心思，永不離真我，那是絕對的「在」，而無明之人的心思，進入世界萬象，罹困而愁苦，然後轉向至上絕對，安享幸福，然其為時短暫，這就是無明之人的心思。

然而，這個世界，不過是心思的呈現而已。若吾人能超越思維，則世界便從眼前消退，而安享在真我的幸福境界。反之，思維萌起，則萬象紛呈，心思罹苦。

太陽高照，並無任何欲念、執意與使勁，僅是示現其光照，則凸鏡聚光生熱，蓮花綻開，水氣蒸散，人起而勞作生活，在磁鐵旁指針挪移。同理，生命個體，皆在上主的臨在下，根據其個體的業報⑫，承受成、住、壞三面向的活動，迨活動告畢，則消退而止息；然而，上主了無執意，亦無任何舉措，不動毫末，以觸發世上萬事萬物。在這種狀態之下，祂超然遺世而獨立，潔淨精微，有如太陽，不為地球上一切生物的活動所觸及，也有如空無邊際而遍在的穹蒼，不為其他四元素（地、火、水、風）的交互運作有所影響。

所有的經典無不宣稱，獲致解脫，心思必須止息。一旦洞悉掌控心思，乃是最終的目標，則無休止的窮究經文，徒然而已。所須掌控心思者，實則是以自勘而探究「我是誰」。如此的自勘探究，以尋真我，怎能僅由閱讀經典而獲致呢？

吾人應以智慧之眼，來了悟真我。名字叫羅摩的人，需要攬鏡自照，然後才能知道他叫羅摩嗎？所指稱的「我」（自我）[13]，係在此身軀的五身層（five sheaths）[14]內，而真我係以深入探究，來棄絕五身層的，何況經文典籍在五身層之外，以之而尋覓真我，豈不徒然？

探究「那個在受困中的我是誰」，而了知生命的真實本質，乃是唯一的解脫。保持心思不斷返內，駐止於真我，獨然存在，此謂之「真我－探究」（*atma-vichara*, Self-enquiry），於此冥想，係以真我作為存在、意識、幸福之境，而熱誠凝注之。然而，有朝一日，吾人應全然忘懷一切所學。

正如掃除垃圾，務須全數丟棄，卻徒勞於檢視垃圾的質素種類（*tattvas*）[15]，若尋求證悟真我，卻致力於細數並查究遮蔽真我的外物之質素種類，而不將之摒棄淨盡，同為徒然。他應參照此身壞滅，視世界為一場夢而已。

除了醒時長久，而夢境短暫之外，醒與夢二者，並無差別。在夢境中，活動萌起，一時而已，其真實情況，一如在醒時的活動；只是在夢境中，心思以另一種不同的身層呈現而已[16]。夢、醒皆似為真實，此因為思維與名相，在兩境同時俱起。

心思並無善與惡兩分類，只是吾人心思的習性有二，一是善良而喜，另一是邪惡而憎。當心思涉及前者，則稱之為善；涉及後者，則稱之為惡。然而，面對邪惡之人，你不宜待之以恨意或輕蔑。喜好與憎惡，皆應拋棄。吾人也不宜經常放任心思於俗世事物上。儘可能莫干預他人的事務。給與人，其實是給與己，若能瞭解這項真理，則誰會拒絕給與人呢？

自我萌起，則萬物紛呈；若其止息，則萬物隱退。吾人行事愈謙卑，則愈受益。若能掌控心思，則無論發生何事，都無關緊要了。

---

①五類感知器官，指眼、耳、鼻、舌、皮膚（身），其相對應功能是視、聽、嗅、味、觸。〔譯按：或稱「五知根」。〕

②五種運作器官，指口能言語發聲，手與足能舉動運作，肛門排泄糞便，生殖器官取樂等，皆屬肉身之活動。〔譯按：或稱「五作根」。〕

③五項生命元氣，指控制呼吸、消化、吸收、血脈流通、流汗及排泄等。

⑤草繩與蟒蛇的類比說法，是取自傳說，有一人在燈光昏暗中，將草繩誤視為蟒蛇，而心生恐懼。

⑦梵文 *hrdayam* 一字，由兩個音節的字 *hrt* 及 *ayam*（中心－這個）組成，意指「我是本心」（I am the Heart）。

⑩指簡單而富營養的食物，能維持身體活力，但不會刺激身體。〔譯按：指乳品、蔬果、穀類等食物。〕

⑪淨化心思，指持心純淨、自制、對外物能保持性情平靜溫和、堅毅，以及遠離欲望、憎恨、驕傲等諸美德。

⑫指昔世的行為，將在今世產生果報。

⑭五身層（five sheaths）指物質（肉身層）、能量元氣（氣身層）、心思意念（意身層）、知識－體驗（識身層）、幸福－無識無知（樂身層）。〔譯按：五身層，指生命個體由五個層次不同性質之能量，包覆而環套著阿特曼（真我），形成五層身套。five sheaths 或譯「五蘊」，參閱孫晶《印度六派哲學》（台北市：大元書局，2011）77頁。或譯「五藏」，指食味所成身、生氣所成身、意所成身、識所成身、妙樂所成身。參閱（日本）木村泰賢著，釋依觀譯，《梵我思辨》（新北市：台灣商務印書館，2016）75, 310頁。〕

⑮梵文 *tattvas*，指世界萬物的基本元素，其種類自細微心思至粗質諸物。

第二篇

探究真我

第一章
我是誰

本章旨在釋明持行探究以深入真我，或探究於「我是誰」之法門。

「我」的概念感知，在人而言，誠屬自然。吾人表達自身的感覺時，無不以「我來過」、「我去過」、「我做過」或「我曾經是」等語陳述之。若詢問何以如此？便知因為人的活動及其運作，皆涉及身體，以致於「我」認同這個身體，二者合一。但身體能成為「我」這個意識嗎？身體未出生前，「我」並不存在。身體由五元素構成[1]，在睡眠時，不覺有身體存在②，而身體終究將成為屍體。所以，不，身體不可能是我。這個「我」的概念感知，一時萌起於身體，亦稱之為自我（ego）、無明（ignorance）、虛幻（illusion）、不純（impurity）、個體我（individual self）。一切經典的大旨，乃在闡述探究（以深入真我），並宣稱自我感的滅息，乃是解脫。吾人怎能對此教導，漠然視之呢？身體有如木塊，並無覺性，能像「我」（指真我）那樣輝照嗎？不會的，因此，將身體視為一具屍體，置之一旁，不再以「我」（指概念感知的我）而喃喃自語，毋寧要精警探究於存在本心而輝照的「我」。在諸多繁複思緒的無休止之流勢中，躍起而持續不斷的覺知、平靜，及其自然呈露，便是本心的「我－我」（指真我）。若能掌握之，而凝止其中，則能摧毀身體的「我」之感知，一如焚燬樟腦，終將之滅息淨盡。聖者及經典皆宣稱，這就是解脫。

無明的蔽障，永不能完全遮蔽「我」這個生命。怎能完全遮蔽呢？甚至無明之人，都不能不說到「我」。無明僅能遮蔽「我是真我」或「我是純粹意識」的真實，而以身體困惑「我」而已。

真我乃自身耀明，吾人無須賦予任何概念圖貌。任何思維的想像，其本身就是困縛，因為真我超越黑暗與亮光，熠然輝照，故不應擬想揣度；若有想像，將導致困縛，然真我以絕對之姿，依然呈露。持虔誠的冥想而探究之，深入真我，使心思消融於真我，邁抵解脫及圓滿的幸福境地。偉大的聖者指稱，只有藉著真切探究而深入真我之佐助，才能獲致解脫。這是因為自我以「我」之思維為情態，乃虛幻之樹的根，若斬斷其根，樹將倒下，自我之虛幻，亦潰然崩解。這是簡易滅絕自我的方法，宜稱之為：虔愛（*bhakti*）、真知（*jnana*）、瑜伽（*yoga*）、冥想（*dhyana*）。

「我是這個身體」的（思維）觀念，涵蓋三身（three bodies）③，此三身係由五身層（five sheaths）組成④，若除去「我是這個身體」的（思維）觀念之情態，則其他之三身及五身層，將自行剝落，因為一切身皆依附其上。因此，不必個別消滅諸身，蓋經典指出，思維本身，即是困縛所繫。經典最後諭示，最佳的方法，乃是將「我」之思維的心思情態，臣服於（交出給）祂（真我），並保持安靜凝止，而毋忘祂。

②指睡眠時，我們並無知覺。

③三身（three bodies）指：物質身（肉身、粗身）、精微身（心智身、細身）、因緣身（自在的意識身），其相對應者，指：醒、夢、睡三境。

④五身層指：肉身層（粗質）、氣身層（感知）、意身層（心思）、識身層（理智）、樂身層（幸福）。詳參本書39頁註⑭。

第二章
心思

本章概述心思的本質、狀態及其所在。

根據印度教經典所述，生命中有一物，稱之為心思（mind），源自於此身消化食物後的精微靈能，孕育出愛恨欲怒等七情六欲，是情態、心智、欲望與自我之整體；雖然引發的功能作用不一，但究其屬性，統稱為「心思」；其本身為無覺性，但被吾人客體化而感知，似有覺性，繫結於意識，有如火紅鐵條，外觀似火，其自身具有分殊的本能，在頃刻間，能以片段材質，模塑出任何形體，如漆膠、黃金、蠟狀等；其為一切物的各類質素（*tattvas*）之基礎；位於本心中，如觀視在眼睛，聽聞在耳朵，使生命個體有其特徵性格；其思維外物，經聯繫於意識，在頭腦反映，以思維的情態而認定之；藉著頭腦運作，經由五類感官，接觸外物，以自認為合宜的感知而確認：「我認定如此及如此。」並享受外物，最後以滿足作為結束。

對某物而以心思的思維情態，在進食時，則考慮：「這是好的，這是不好的。這個可食，這個不可食。」如此具有區分的概念，是為分殊性的心智。因為心思是顯化為自我、神、世界三個面向的基石，故其消融於真我，而為獨存（*kaivalya*），此與至上絕對（Brahman）同旨，乃是最終的解脫。

感知的器官位在吾身之外部上，是感知外物之資具，屬外在；心思屬內在，是內部的感知。「內在或外在」，是就身體的相對性而言，實則，在「絕對」上，並無意義。

經典為了釋明物象世界存乎吾內，乃形塑宇宙有如本心的蓮花，此與真我，並無異樣。正如金匠在蠟質的球體裡，雖然摻以微粒黃金而隱藏其內，但在外觀上，仍是一團單純的蠟球，則生命個體深陷在黑暗的無明或幻象中，有如在睡眠裡，一無所知。在深層的睡眠中，肉身（物質身）及精微身，雖然進入黑暗的遮蔽，但仍沉存於真我之中，只是無明會萌起精微體的自我，故心思必須轉異，俾深入真我。

心思就其真實性而言，乃意識而已，其本質是純粹而清明的無染質地；然而這樣的質地，不能逕稱之為心思，因為心思會誤認某物為另一物①，這是心思的執著；換言之，粹然潔淨的心思，乃絕對之意識，卻遺忘其自身原始的質地，而被黑暗及呈現的世界駕馭了。同理，吾人被心思的走作所駕馭，乃認同此身為「我」，以及「我」處於這個呈現的世界中，亦即誤以自我為真實，而輾轉於愛恨之間、依違在善惡之行，結果困縛於人世生死的流轉；然則，吾人在睡眠或失去意識的昏厥時，無知覺於我或世界萬物，但不久醒來，便體驗「我睡醒後」、「我重獲意識」的況味，這便是生命自然的境地所引生而來的辨識之知，這個辨識之知，稱為「心識之知」（*vijnana*，心靈的辨識之知）；其為輝耀，並不是自身所生發，而是繫附在真我或非真我所引發的。當其存於真我，便稱之為真知，乃真我的心思覺知狀態，或恆在之覺知；若此辨識之知，雜糅著非真我，則稱之為無明。存乎真我，而以真我為輝照，名之曰：「真我輝照（頻振）」（*aham spurana*），而輝照不離真我，乃是即將了悟真我的徵象，但並非生命原始之「在」的境地；輝照的源頭，其所呈露，謂之意識或真知，這個源頭，吠檀多稱之為「圓智深固」（真知遍在而貞定）（*prajnana ghana*），商羯羅的《寶鬘辨》（*Vivekachudamani*）闡述這個恆在的境地為：「在識身層中[2]，永恆輝照的阿特曼，自明而觀照萬物，以此作為你的目標，真實無偽，以你自己的真我，穿越在無間的思緒之流，體驗其中，於斯安享。」

真我始終耀明，唯一而遍在。不論其人在醒、夢、睡三境中的體驗為何，真我依然潔淨而無遷染。真我不為物質身（肉身、粗身）、心智身（精微身、細身）、因緣身等三身所局限，而且超越觀者、觀視、被觀者三方面的關係。如圖示及例表，釋明真我的恆在無際，以及超越上述呈現的幻見。

圖示解釋真我之為意識，自身耀明而輝照。運作之流程為：因緣身（7）在無明之牆（4）所圍繞的內室（7），以生命元氣運作，由睡眠之門（2）

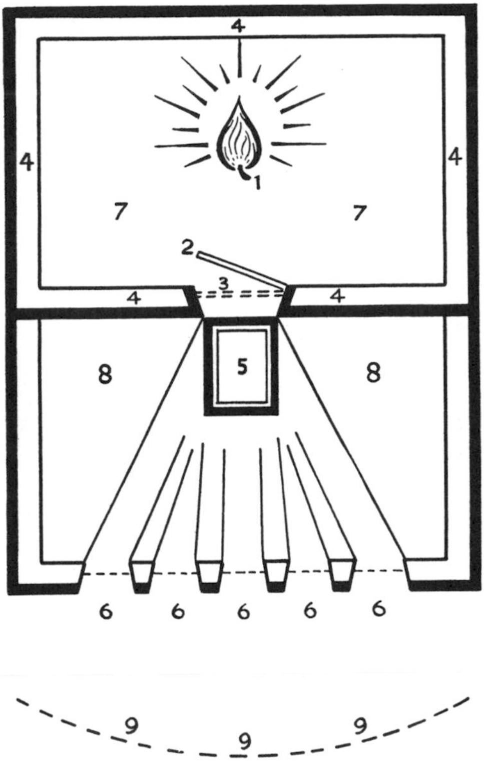

1 火焰……表示 真我

2 門……表示 睡眠

3 門檻……表示 心智（為自我的本源）

4 內牆……表示 無明

5 鏡子……表示 自我

6 窗戶……表示 五類感官

7 內室…表示　睡眠時的因緣身

8 中堂…表示　夢境中的精微身

9 外院…表示　醒時的物質身

內室、中堂及外院總合，代表生命個體。

引導之，根據其命運，運行一世的時程，穿過門檻（3），對照著自我的鏡子（5），藉著反映之光而進入夢境的中堂（8），然後，經由五類感官的窗戶（6），投射在醒時的外院（9）。當心思的能量，由於時間流逝或命運所致，而關閉睡眠之門（2）時，生命元氣便從醒、夢兩境撤離，進入深層睡眠中，如如其在，了無自我感。

此圖示亦說明，真我是寂靜存在的狀態，有別於自我及睡、夢、醒三境。

生命個體，在醒時駐於眼睛，在夢時落於頸部[3]，睡眠中存乎本心，而本心為諸處之首領，故生命個體永不會離卻本心。雖然，另有頸部為心思所在、頭腦為心智所在，全身為自我所在等諸說法，經典仍斷言，本心為吾內心思感知④之首座。聖者審視典籍諸說後，簡述本心乃「我」最初的所在之位，此為吾人所體驗的真理。

---

① 誤認是因為離卻意識法則（真實、真我），而將物象世界之存在，視為實然為真。這是由於誤以身體為真實之我，其結果是，無明之人認為，離卻此身而存乎外在者，則無意識法則（真實、真我）存在可言。

③ 梵文 *medulla obolongata*，指頸部後面。

④ 梵文 *Antahkarana*，原義指心思、心智及自我之總稱。

第三章
世界

本章說明世界本身並不真實，亦無法離卻真我而存在。

創造論：聖典宗旨闡明，世界本質乃虛幻，並揭示至上的靈性是唯一的真實；持此觀點為其基調，構建創造理論。聖典甚至為迎合低階的尋道者，乃詳細詮釋各面向的階段性創造呈現，包括靈性、意識反射之失衡紛亂①、萬物元素質地、世界、身體、生命等諸多持續性的呈現。但對高階的尋道者而言，聖典簡述為，世界有如夢中景觀，因萬物呈現而存在，此由於昧於真我及思維充斥所致。所有的論述，不外在表明世界屬幻象，俾揭示真相。了知真我之人，以其直接體驗（直證），洞明世界現象的萬物，其獨立實體，全然不存，而心中毫無疑惑。

被觀之物：無覺性	觀者：有覺性
身體、物器等	眼睛
眼睛	視神經中樞
視神經中樞	心思
心思	生命個體或自我
生命個體或自我	純粹意識

如上表所列，真我是純粹意識，感知萬物，乃終極的觀者，其餘如自我、心思等，僅為被觀之物而已；而在表中行列的主體，成為另一行列的客體，每一主體皆外在化，而易為客體，但真我或純粹意識，是唯一例外，乃真實的觀者。因為真我無法被客體化，不為任何物所感知，又因為真我為觀者，觀視一切，其主客關係及真我表象的主體，僅在相對層面上呈現而已，實則皆在絕對中消泯於無形，故真理之中，除卻真我，別無其他。既非觀者，又非被觀者，亦無涉及主體與客體。

①梵文*prakrti*，原義指在自然界中，先行於原物呈現的三質性：和諧、活動、暗沉等之失衡而紛亂。

第四章

自我（生命個體）

在本章中，真我（阿特曼）被指述為「在」於自我（生命個體），並闡釋自我的本質。

心思不過是「我」之思維（'I'-thought）而已。心思與自我，二而一也，心智、意志、自我及生命個體，渾然為一，其與心思無異。正如一個人有諸多活動，而賦予各種不同描述。生命個體與自我，並無二致，俱為心思也。在真我本質的映照下，自我萌起，而心思俱起。舉例說明，燒得熾紅的鐵塊①，又怎麼分別何者為火、何者為鐵？正如火與熾紅鐵塊為一體，生命個體即是自我，而又不離真我。因此當生命個體以觀照者行動時，其實那正是生命個體以自我在呈現運作，而這個自我，畢竟僅是心思繫附在反映的意識上。那個在本心中輝照的真我，並不受影響，一如火在熾紅鐵塊中為然②，並且，真我廣袤汗漫而無窮盡，有如穹蒼，在本心中，以粹然意識而自身耀明，獨一無二。其充塞宇宙而顯化，與一切生命個體而呈現，並無二致，被稱之為至上靈性，本心僅是其另名，因為祂存於遍在一切的本心中。

因此，熾紅鐵塊是生命個體，火紅熾熱是觀照的真我，而鐵塊是自我，那個粹然的火是周遍一切、全知一切的至上靈性。

---

①印度人常舉此事例：正如鐵接觸火，吸納火質，成為熾紅之鐵，吾人之心思或自我，接觸真我，涵攝意識本質。

②一如火在鐵中，不受錘打影響，僅是鐵的形狀變易；人生的興衰起伏，苦樂交織，僅及於自我，而真我粹然無瑕，不受影響。

第五章

至上之在

本章述明真我之相，乃神之相，祂即是「我—我」之姿相。

心思之實質意涵，指生命內在觀念與外在事物間交互運作之常理情態，因此，身體及外在呈現的世界，俱為心思的反射，而本心唯一獨在，存乎萬物之中。於遍在萬物的本心之核心深處，亦即粹然心思的廣袤之域，乃是自身耀明的「我」，始終熠然輝照，存在每個生命裡，此稱為全知觀照，或第四境①。

無垠的廣袤，是為真實，以至上靈性或真我而洞悉，在「我」之內的意識而輝照，了無自我，為一切生命內在的「一」。在第四境之外者，僅此而已；於斯冥想，絕對意識之廣袤無際，周遍一切，無內無外，此第四境之光輝，充塞於火焰深層的藍輝空間，而又灼然其外。真實之境，輝照四方，在火焰之內及其外，注意力無須及於輝照之光，只須洞明自我已然遠離，其境乃為真實，便為已足。聖者瓦西斯塔（Vasishta，另名「極裕仙人」）說：「遺忘本心中始終自明的『我－我』，而在吾外尋求真我，此猶如為了一顆閃亮的小石頭，而丟棄無比珍貴的稀世寶石。」吠檀多學者②認為，將創造、維護及涵攝至上真我的「一」，視為諸神祇，如象頭神、梵天、毗濕奴、樓陀羅、摩醯首羅天（大自在天）、永恆濕婆等③，乃是褻瀆神明。

---

①醒是第一境，夢是第二境，睡是第三境，因為純粹意識承載三境，而超越之。雖然稱為第四境，但嚴格說，實不能與三境並列之。

②印度教的吠檀多學者主張，「一」乃絕對真實，視萬物為虛幻，並摒棄一切名相。

③象頭神（Ganapathi）是樓陀羅（Rudra）之子，梵天（Brahma）是創造之神，毗濕奴（Vishnu）是維護之神，樓陀羅或濕婆是破壞之神，摩醯首羅天（Maheswara）是宇宙遮蔽之神，永恆濕婆（Sadasiva）是賜恩典、除遮蔽之神。

第六章

至上真我之知

本章敘述了知真我的方法。

當心思以自我之情態，盤據身體作為真我，騖馳於外，而被遏制於本心時，身體的「我」之感知，乃為之肅清；並且平靜探究是誰駐於此身之中，則「我－我」以精微之輝照，體驗其中，此即是絕對（Absolute）、真我，在本心的蓮花座中，為身體之都城、上帝之寶殿。然後，吾人應保持平靜，深信真我輝照一切，空無一物，遍在無邊，此亦為超越的「在」（Being）。這是以「我是濕婆」（*Sivoham*）為咒語，冥想真相，亦稱為第四境。

那個超越的精微體驗，乃是神也，其指述不一，有：第四境之外的至境、遍在一切、至上之上而神光輝耀；並描述其顯現，諸如：瑜伽八支法之第六、第七階段、本心廣袤展衍、粹然意識、心如天空而絕對之輝照、至福、真我、智慧等。若長期持續修練，而以「我乃至上」冥想於真我，則在本心中無明之遮蔽及一切障礙，將滌淨無餘，而獲致圓滿智慧。持此態度，洞悉真實居於本心的穴位，在身體的寶殿中，即是了知絕對；因為本心包攝著存在的一切，故絕對乃是一切生命所本來固有的。此為經典確認，「聖者的幸福駐於九門之都城，此即身體」，並且「身體為神廟，個體我是絕對，若以『至上即我』而禮拜祂，終獲解脫；生命之靈氣孕育身體，形成五身層，此靈為生命之穴，此穴即是本心，超越之『在』駐於其內，乃穴之上主（Lord of the Cave）。」這種了知其絕對的方法，稱為「本心的直覺了知（直證）」（*dahara vidya*），吾人應直接即時體驗而了知之，此外，夫復何言？

第七章
敬拜神

本章說明恆久覺知於真我，乃是真正的敬拜與苦行。

敬拜非人格化的至上之在（Supreme Being），其意義在於恆念你是至上絕對此一真相，因為冥想於「我是至上絕對」，涵蓋犧牲、供獻、苦行、祈禱、瑜伽及敬拜。在行冥想時，排除障礙的唯一方法是，心勿投注於對象物之上，而應使其返內，深入真我，然後漠然於觀照所發生的一切，除此之外，並無他法可依循。切莫片刻離卻真我，應心繫於真我或駐在本心的「我」，這才是完美的瑜伽、冥想、智慧、奉獻、敬拜。因為至上之在，真我駐於其中，故此心臣服（交出），堅定不移，消融於真我，乃總括一切敬拜的儀行。一旦掌控心思，便是掌控其他一切。心思乃生命的流動，無明之人說，其形狀像蜷曲的蛇①，吾身有六個精微中心（脈輪）②，此僅是心思態樣的圖示，作為瑜伽初學者修行的資具而已。我們將自己投射在物象上而敬拜之，此因不瞭解內在敬拜的意涵。真我之知，了知一切，乃為圓滿之知。

吾人被諸多思維驅使，以致心思紛馳。若能持續冥思於本身為神的真我，則此單一思維將取代浮思雜念，終可為之廓清，而純粹的意識，獨然而在，此即是神，這就是解脫。切莫忽略自己粹然圓滿的真我，那是瑜伽、智慧及一切靈修之極致。雖然心思騷動，馳逐於外，忘卻自身的真我，吾人仍應致力於保持精警，思及「這個身體不是我，這個我是誰？」如此探究，心思將內返至其本源。探究「我是誰」，是唯一滅盡一切苦厄，朝抵至上福祉的途徑。無論有什麼說辭，這就是全部真理的扼要概述。

---

①指亢達里尼（*Kundalini*），意謂身體脊椎底部有神祕力量沉眠，其躍升而起，活力直上貫注，然後靈性輝照。

②據說，精微體自腰椎至頭頂，沿脊椎各有中心，生命脈動，循上升通道，逕入各中心，產生神奇活力。

第八章
解脫

本章教導恆久持續冥想於「我是至上絕對」，亦即「我是阿特曼」，可獲致解脫，並述及此身在世的解脫（*Jivanmukti*）及此身命終的解脫（*Videhamukti*）[1]。

生命個體，不過是心思而已，忘卻其身分為真我，並自陷自縛，向外尋求生命永在的原質真我；猶如牧羊人一直在尋覓羊隻，卻不知羊隻在其雙肩上。

然而，遺忘真我的自我，若一時覺知到真我，仍不能獲致了悟真我的解脫，蓋心思潛在的薰習之深重蔽障所致。真我與身體，混雜不清，不知其真實者為真我，若能長期冥想：「我不是這個身體，不是感知、心思等，我是真我。」則心思的薰習可為之廓清。因此，心思之為自我，不過是一團薰習，以我而雜糅於身體，應全力掃而空之；而吾人更應持久敬奉神性般的真我，那是諸神之核心所在，這樣才能邁抵究竟解脫的了悟真我。這種自身探究，可摧毀心思，而最後心思自滅其身，此猶如以柴枝撥滅火葬的柴堆，終於柴枝自燬。這個境地，就是解脫。

真我、智慧、真知、意識、絕對、神，其旨一也。

人若僅看到某個官員，就能成為一位官員了嗎？要居官職，他必須努力，充實自己，然後殆屬可能；類此，自我以心思而困縛，僅憑一瞥於真我，便能變成真我嗎？若不摧毀心思，則能辦到嗎？一個乞丐僅晉見過國王，就能宣稱自己成為國王嗎？同理，除非長期持續冥想於「我是真我、絕對」，而切斷心思的枷鎖，否則無法獲致超然的至福境地，此境地乃等同於心思之滅息。「真我乃絕對，絕對即真我。真我是獨在的絕對。那個帶殼的是稻，去殼的是米；同理，帶著枷鎖的是生命個體，除去枷鎖而輝照的是絕對。」經典進而揭示道：「心思必須內返，受制於本心，直到引生無明的自我感滅盡。這是智慧，也是冥想，其餘皆是迂腐的言談。」呼應經典的結語，吾人應竭盡一切努力，持心貞定於祂、覺知於祂，而了知於祂。

正如在戲劇中，扮演婆羅門貴族階級的演員，不管演出什麼情節，都不會忘記他是婆羅門貴族的身分；吾人亦不應困惑於這個身體，要確實覺知生命的本然是真我。當心思消融於其最初原始的境地，覺知將會萌現，而真我自然呈露，朝抵幸福至境，然後吾人不再因接觸外物，而被苦樂所影響；每件事物有如夢幻泡影，皆能了無執著而洞明其中，諸如「這是好的，或那是好的？」「應該做這樣或那樣？」等思維不令其萌起，若有萌起，則應立即在萌發處滅息；若稍有延遲，這些思維就會像損友一樣，推促著你步入歧途。試問，已貞定於原始源頭的心思，還能擁有自我感，或有任何問題待解決嗎？沒有這些思維殘存，則還會引生困縛嗎？因此，當宿昔薰習所致而萌起這些思維時，不但要遏制其走作，令其內返於源頭，還要對外在所發生諸事，保持漠然的態度，不與之焉。

難道不是由於遺忘真我，致使思維萌起，而引發愁苦嗎？雖然具有辨識力的思維，如「我不是作為者，所有的作為僅是身體、感知、心思等在運作」等，對促使心思內返至源頭，有其助益，但究竟仍屬心思念頭。不過，對心思沉溺、念頭揮之不去的人，這種辨識性的思維，仍屬必要。另一方面，此身活動時，心思既然貞定於神性的真我，保持超然，則能遷就於「我是身體，我在工作活動」的念頭嗎？或者屈從於「我不是作為者，這些作為僅是身體、感知及心思在運作」等辨識性的思維嗎？吾人應竭盡一切可能，逐步覺知於真我，若能辦到，則萬事可成。莫令心思馳逐於外物，應固守在真我，而絲毫無作為者的感知，甚至投身於命中註定的工作活動時，也要像瘋子般，一心不貳，這難道不是諸多信徒，希冀以如此超然的態度及堅定的奉獻，來獲得非凡的成就嗎？

因為心思的真正本質是（三質性中的）潔淨清明（*sattva*），其清晰有如無雲之天空，這是心思廣袤的特質，只是（三質性中）活動（*rajas*）的走作質性騰起，心思為之騷動，而被（三質性中的）黑暗昏沉（*tamas*）影響[2]，乃顯現出世界萬象。因此心思一方面顯得騷動不寧，另方面呈現僵固鈍化，而未能察覺生命真實的存在本質；此正如精緻絲綢的絲線，無法以粗重的鐵器穿梭而織之；藝品纖細的微影，不能在風中搖曳的燈光下照明辨識。真理的了悟，亦不可能在黑暗昏沉及騷動不寧的粗糙心思情態下獲致，蓋真理極其精微而寂靜，心思之蕪雜不純，只有在累世歷劫中，持以諸多無私的善行，繼而幸遇明師、遵從其教習，及長期修持冥想真我後，乃能廓清，這時，心思由於黑暗昏沉及走作騷動的狀態，將告止息，然後，心思回復其精微而寂靜。真我的至福，在孜孜不倦的冥想修持，使心思呈現精微且穩定的狀態下，乃能獲致。其人如能體驗如是至福者，即是此身在世的解脫（*jivanmukti*，有身解脫）。

藉著持續不斷的冥想，心思的黑暗昏沉及活動走作，為之轉異，而真我的至福在精微的心思中皎然呈現，瑜伽士以此心思的廣袤，而獲全知；他獨自臻此精微之境，並獲致了悟真我，乃此身在世的解脫。《羅摩之歌》（*Rama Gita*）[3]亦有相同的載述，至上絕對超越一切屬性，乃宇宙渾然無分別的靈性。他甚至已達到永恆存在無間的至境，超越心思及言語，被稱為此身命終的解脫者（*videhamukta*，無身解脫者），此即上述的精微心思已然滅盡，而所體驗的幸福感亦告泯絕，他沉入而消融在深不可測的至福汪洋，物我兩忘，渾然與天地為一，這就是此身命終的解脫狀態，無可超越，為一切之盡頭。

若持續安住在真我，則「我是至上靈性」，愈益光明，成為自然，心思的騷動及物見的思維，終將止息。畢竟若無心思，則無從體驗，故了悟必須以精微的心思為之。因為此身命終的解脫意謂著精微的心思，亦告滅盡，此境乃超越一切體驗，這是超越性的至境。「我不是這個身體，我乃純粹靈性。」則是此身在世的解脫者（*jivanmukta*），有其清晰無礙的境地。然而，若心思未能全然泯絕，則緣於其個人命運，他接觸外物所發生的諸多關係，或許將使他不悅，他的心思可能尚有未寧，對恆在的至福，僅是個旁觀者而已。然則，生命解脫的至福，必須長期修持冥想，這只有在心思呈現精微而寂靜時，才能臻此至境。

①《羅摩之歌》，古印度教聖典。

第九章
瑜伽八支法

本章敘述瑜伽法門，經由控制呼吸，而掌控心思，俾獲致了悟真我。

為達成虔愛奉獻，前面章節述及之冥想行法，其修持步驟有持戒（*yama*）及精進（*niyama*）在此列述（瑜伽八支行法之前兩步驟，述明於下）。修持的行法有兩種：一是瑜伽，另一是真知。控制呼吸是瑜伽；摒除心思是真知。何者易為修行者採行，取決於其人之習性及成熟度，但二者殊途同歸。蓋控制呼吸，則心思受制；摒除心思，則呼吸受制。兩目標皆在消弭並摒除心思。

持戒（德行自制，屬瑜伽行法最基礎的必要步驟，其細目有：勿妄語、勿殺生、勿竊盜、勿好淫、勿貪婪等）、精進（遵行誡律）、體位法（*asana*，姿勢體位）、調息（*pranayama*，控制呼吸）、內攝（*pratyahara*，離卻外物感知，返內回攝）、專注（*dharana*，集中注意力）、冥想（*dhyana*，持續不間斷的冥思）、三摩地（*samadhi*，我與阿特曼合一），這是瑜伽的八支基本行法[1]。

呼吸控制包括呼氣、吸氣及屏息。所有的經典都說，呼氣與吸氣的時間相同，但屏息的時間是呼氣或吸氣的兩倍，在「王者瑜伽」（*Rajayoga*）裡，屏息是吸氣的四倍、呼氣的兩倍之久。王者瑜伽的呼吸法優於其他瑜伽的教示。根據個人的能力，修練控制呼吸法時，若無過度使勁而能規律行之，身體將會鬆弛而平靜，心中的幸福感也會逐漸萌起。然後，必須繼之以修練下一步驟：內攝，俾使心注一處，不再漫然馳逐於外。因為心思始終奔馳在外，而少返內安定下來，所以宜採如下方法修練，鎖定特定目標，俾努力整合心思使其穩定，如：持咒語「嗡姆」（Om）或其他咒語；一心專注於兩眉之間；專注於鼻尖；用心傾聽在雙耳內交互響起的微音，例如努力用右耳傾聽左耳的微音，或交互練習。然後，必須繼之以下一步驟：專注，這是心思專注於冥想的中心點，心臟及頭蓋骨的腦門是專注合適的部位。觀想個人的神性在輝耀時，心思宜專注在這兩個部位之一，當專注在心臟時，則有八瓣蓮花，若在腦門，也有八瓣蓮花，據說也有千瓣或一百二十五小瓣的。

因此，在專注時，必須冥想自己不離神性，而光之輝耀，乃個人生命的阿特曼（靈性或真我），換言之，此即冥想於「我是祂」。經典指出，周遍一切的至上絕對，以「我－我」，在本心中輝照，是心識的觀照，若問「我是誰」，則祂（神性、阿特曼）在本心的蓮花中，以「我－我」而熠然輝耀。持此修練，較之冥想於「我是祂」為優，但修行者得以自己較易採行者為之。修練這樣的冥想，將會消融於真我，而不覺有己身存在與所為何事。這種精微的境地，甚至會使身心的脈動起伏消退，此為三摩地，只是在此境中，必須慎防自己沉入睡眠，然後，至上的幸福來到。若有人每天如此規律修練，神將以至上法門加惠於他，他將獲致圓滿的寂靜。至於瑜伽八支法的精微論述，若無必要，不在此贅述。若有人欲知其詳，則須找有修行的瑜伽師，向他請益學習，俾獲體驗。

聖名以「嗡姆」作為咒語，有三個半的音位A、U、M及半個M。A代表醒位、粗身（物質身）及創造，U代表夢位、精微身及維護，M代表睡位、因緣身及消融；另外半個音位，則代表第四境，是真我的真實境地。超越此境者，乃粹然幸福至境。第四境是冥想於真實之境，涵蓋A、U、M及半個音位在內，在此境中，其他一切聲音，悉數消退，杳然無聲，故稱為寂靜的咒語、無分別的咒語，也是一切咒語之精粹。為了獲致真實的「嗡姆」之體驗，在瑜伽「內攝」步驟中，曾述及之。

「靈魂獲致意識的不朽，係經由冥想於耀明之光，存乎遍在的八瓣蓮花的本心中，其大小如拇指般，指述的名稱不一，有卡拉薩（*kailasa*，濕婆的駐處）、瓦崑達（*vaikunta*，毗濕奴的駐處）、至上之境（*paramapada*）。」尋道者宜依照這段經文而修持冥想。冥想者可能心中浮現真我的不確定性，而使冥想者與所冥想的對象，有彼此分離的感覺，此時，尋道者宜冥想於自己的真我，因為光的輝照，以「我－我」而熠熠靈動，此即真我。因此，對這段經文，無須置疑。所有的冥想修持中，以觀照真我為最優。若能達成，則無須再行其他的冥想，因為觀照真我，已包含一切，其他的觀照，僅是佐助而已。質言之，冥想的修持，取決於其人心思的成熟度，雖然各種冥想的行法不一，但皆在這裡交集，故毋庸置疑。

「了知自己的真我，即是了知神。不了知自己的本質，而冥想於神，則是自外於自己的真我，此猶如拿自己的腳去丈量自己的身影，當你丈量時，你的身影卻一直往後退去。」因此，冥想於真我為最佳，蓋真我獨在，乃眾神之至上真我。

第十章
真知八支法

本章敘述真知法門，經由了知至上乃一而不可分，邁向了悟真我。

真知八支法內容的精微，遠超過瑜伽八支法持戒及精進的區區修練。在真知法門裡，呼氣指棄絕身體與世界名相。吸氣指納取一切名相上的「存在、意識、幸福」。屏息指精警於已棄絕的名相，防止其不再潛入心思。專注指以「我是存在、意識、幸福」，而貞定於心思，駐止於本心，俾不再外馳。冥想指雖仍有五身層，但探究「我是誰」時，以「我－我」的體驗，固守在生命的真實狀態。這樣的呼吸控制，便不須要有姿勢體位的規範。人人皆可在任何時間、地點修練，其主要目標是，在上主的腳下，輝照真我，無忘卻祂，而心思凝止於本心中。忘卻真我，乃一切愁苦之根由。有耆宿說，修行者若已解脫而後忘卻，則無異自取滅亡。

或有人問道，瑜伽的呼吸控制行法，是否有其必要？對此問題的答覆是，有其用處，但其效益僅限於其人修練的時段而已，而真知八支法的呼吸控制，其效益恆久。然而，此兩呼吸控制行法的修練目標，都在不忘真我，凝止心思。因此，在心思尚未消融於本心之前，瑜伽與探究真我之呼吸控制法，二者皆有其必要，除此之外，則無其他行法的必要了。另有所謂「無念屏息」（*kevala kumbhaka*）的呼吸控制法，是在毫無控制呼氣與吸氣的情形下，使呼吸的氣息消融於本心。修行者得在瑜伽與真知此兩行法中，擇一修練。

所有的經典皆以控制心思為目標，蓋心思滅盡，乃為解脫。瑜伽的控制，在於呼吸；而真知的行法，在視萬物以至上絕對為真實名相，其渾然一體而不可分。修行者應採行哪一種法門，端視其人靈性的成熟度。真知的法門，有如面對一頭野牛，持一束青草，以馴服之；而瑜伽法門，則鞭笞之，並加軛負之，以收馴服。這是對知曉箇中實情之人而說的。資質成熟之人，得以控制心思，固守在吠檀多真理，了知真我之確然其在，並觀視其自己及萬物，皆是至上絕對而為真我。資質略不及者，則以呼吸控制，穩定心思，而持續冥想於真我。若資質下等者，則以呼吸控制法，逐步向上階進展。應牢記：在呼吸控制方面，有真知及瑜伽八支行法，若其修練已臻「無念屏息」狀態，則便足矣。

本於虔愛而持續冥想，得邁及三摩地的直接體驗。以探究真我而行「無念屏息」，不必控制呼吸，亦有助於臻此三摩地。其人若能修練成自然狀態，則縱使身在俗務活動中，也能隨時行持，不拘場所。無論修持什麼行法，若覺合宜，皆可為之。若心思逐漸消退，則外物之去來，皆無關緊要了。在《薄伽梵歌》（*Bhagavad Gita*）中，上主克里虛那說，虔誠的信徒高於瑜伽，其意涵是，解脫之道，乃本於虔愛，而能長期持續冥想於唯一真實的真我。因此，吾人若能設法傾注全力，使心思永駐於祂，則還有什麼事要擔憂的呢？

第十一章

棄世

本章述明全然棄絕思維，乃是唯一而真正的棄世。

棄世並非棄絕外在事物，而是棄絕自我。對棄世者而言，遺世獨居與在世活動，並無二致。聖者瓦西斯塔（Vasistha）說：「正如有人，心上有事，縈懷不去，他對眼前之物，視若無睹，不知其為何物；聖者一心在真我，不知作為者為何物，他了無自我的萌起。又如有人躺在床上，夢見自己一頭栽落懸崖；而無明之人，其自我恆在，雖然獨居而行冥想，但對其諸多行為的作為者之感知，未曾止息。」

第十二章

結語

吾人應選擇簡單而有營養的食物，並精誠熱切，努力不懈，使源自於自我的心思騷動止息，俾消滅一切愁苦之根由的自我。

若無自我存在，則諸多思維能萌起而縈懷其中嗎？或者，若離卻思維，則還有幻見嗎？

因此，持續不斷冥想於真我，俾獲致至上福祉的解脫，這誠然是本篇專論之大旨。

第三篇

靈性教導

禱詞

我在無上福慧的拉瑪那神聖腳下，尋求庇護，他默運生、住、滅整體，而全然無染，如如其是，使我們覺知真實者為何，俾保護我們。因此，我將其教語，妥適記載。

教導要旨

謹以此（身、口、意）為資具，敬拜在薄伽梵．拉瑪那．大悟者的神聖蓮花座前，他是無始無際的至上絕對，亦即「存在、意識、幸福」的化身。我纂輯他的教導，編成這簇花束，俾有益於尋求解脫的上乘修行者，及望重四方的有識之士所敬重的靈修者，使其能以此教導，自勵自期，而獲解脫。

本文是偉大靈魂拉瑪那尊者不朽言論的梗概，其教導盡掃卑微的吾輩之一切疑惑與妄見，有如太陽一出，黑暗盡滅。

本文旨在闡述永恆的萬物本源至上絕對，其為輝照，乃一切吠陀（*Vedas*）及阿笈摩（*Agamas*）聖典[1]之頂峯與核心。

本文的主題是無與倫比的了悟真我，此為一切奧義書所讚嘆，亦是一切高貴的修行者所尋求的無上至善。

第一章

教導

1 真實的靈性導師，有何特徵？

他永駐真我，恆視眾生平等，無論在何時何地、何種環境，其勇氣無可撼動。

2 真誠的門徒，有何特徵？

對擺脫悲傷及獲得快樂，有強烈的渴望；並且，對俗世的一切歡娛，有極度的厭離。

3 教導的特點為何？

教導（*upadesa*）意謂「接近某處或座位」（*upa*指接近，*desa*指某處或座位）。上師乃存在、意識、幸福之化身，對門徒一視同仁，防止門徒因感知外物，偏離其生命的真實本質，遭致苦樂折磨，乃教導之，使門徒能確立自己生命的真實本質。

「教導」又意謂，所諭示的遠方之物，實乃近在眼前，令門徒相信至上絕對並非遠在天邊，而是近在身旁，與之無二。

4 若上師乃吾人的真我，此說為真，則有一教義論說：「若無上師的恩典，則不論門徒如何博學或具神通，皆無法獲致了悟真我。」如此之論述，其所根據的道理何在？

雖然在絕對真理的層次上說，上師生命本質的境地，即是門徒個人生命本質的境地，但對無明之人而言，若無上師的恩典，要其了悟真我的真實境地或本質，則難乎其難。

真實的上師，僅其示現，便能掌控心思概念。若有人自詡，他已閱遍無涯學海，或宣稱他能施展神蹟。上師只要對這個人說：「是的，你已博學多聞，但你瞭解自己嗎？你能盡施神蹟，但你曾觀看過自身嗎？」他便羞愧俯首，無言以對。因此，若無上師的恩典，則無論其人如何高明，都無法了知自己，此為明證。

5 上師的恩典，其徵象為何？

超越言語文字或思維想像。

6 若是如此，則門徒如何經由上師的恩典，而了知其真實本質？

這有如一頭象在睡夢中，驚見獅子而驀然醒來；僅是一瞥獅子，象便能驚醒；門徒經由上師仁慈的恩典，亦能從無明的沉睡中，憬悟真知。

7 真實上師的本質，即是上主（*Sarveshwara*）的本質，此說之深義為何？

生命個體渴望獲致真知，或邁抵神性，並懸為目標，精誠奉獻，迨至成熟階段時，上主觀照生命個體之一切，便示現為人身相，以存在、意識、幸福輔佐之。祂以此三特質及名相，護佑門徒，召引、接納而消融於其內。根據這種說法，上師誠然可稱之為上主。

8 為何某些偉大人物，無須上師，便能獲致真知？

對少數靈性成熟之人，上主以真知之光而輝照之，授與真理的覺知。

9 虔愛（*bhakti*）法門的目標為何？極成說（*Siddhanta*，諸教派共識的學說）的法門（例如：濕婆派極成說）[1]又為何？

其對真理的學習，在於吾人一切行為，皆悉秉持無私虔愛，藉著純淨的三具（身、口、意）資助，服侍上主，成為上主的行為，了無「我」及「我的」之感知，而又卓然挺立。這也是濕婆派極成說所稱的「至上虔愛」（*parabhakti*）或「安住在對神的服侍裡」（*irai-pani-nittral*）之真理。

10 真知法門或吠檀多的目標為何？

其對真理的了知，在於「我」與上主，二者並無分別，而了無作為者的感知。

11 此兩法門（虔愛與真知）的目標，既無二致，此又如何解說呢？

無論採行的法門為何，目標皆在滅絕「我」及「我的」之感知。「我」及「我的」，二者互倚，摧毀其一，則另一亦滅。因此，為獲致至境的寂靜，採行超越思維與字語、去除「我」之感知的真知法門，以及奉行虔愛法門，俾排除「我的」之感知，二者擇一，皆為已足。故虔愛與真知兩法門的目標，並無二致，殆無疑慮。

註：一旦有「我」，則必須接受上主。其人若尚未體驗至境，而希冀獲此況味，則他應採納這個「接受上主」的結論，斯為適切。

12 自我的特徵為何？

生命個體的「我」之態樣，即是自我。真我乃心智之本質，並無「我」的感知；無覺性的身體，亦不具有「我」的感知。虛幻的自我，冥然萌起於心智與無覺性的個體之間，乃為一切愁苦的根由。竭盡一切方法而摧毀之，則真實存在者，將如如其在，為你觀見，此即名「解脫」。

第二章 修行

1 修行的方法為何？

人與真我無二，而人卻設法獲致了悟真我；真我亦非優越於人，或有別於人而可獲致。了悟真我僅是了悟其人生命的本質。尋求解脫之人，毫無疑惑，亦無謬見，能識明恆在與短暫的區分，而了知其生命的本質所在，並貞定其中，此即真知的修行，也是探究的方法，邁向了悟真我。

2 所有的修行者，皆能採行這種探究的方法嗎？

這種方法，極為精微，僅適於靈魂成熟的修行者，其餘得依個人心智能力的狀態，而擇採其他的修行方法。

3 其他的修行方法，是什麼？

其他的修行方法有：⑴頌讚，⑵持咒，⑶冥想，⑷瑜伽，⑸真知等。

⑴頌讚是以虔敬的心，唱頌讚美上主。

⑵持咒是指在內心或口頭，持誦神的名字或咒語如「唵」（Om）。（採行頌讚與持咒這兩種方法，其心思時而專注，時而紛散。修行者不易察覺其心思的異常變化。）

⑶冥想指以虔誠的心思，不斷專注在聖名或其他等。此方法較易知曉心思的狀態，蓋此時心思不會同時專注又紛散。行冥想時，並不觸及感官之物，若有觸及，則非冥想。因此，行冥想時，心思的異常變化，得以被觀照，而能制止其走作，使其固守在冥想中。完美的冥想，即是駐止於真我。（*tadakaranilai*字義是，駐止於「那個」（That）之態樣。）若冥想能落在心思的源頭上，極盡精微而運作，則心思的萌起與消退，易於察覺。

⑷瑜伽：呼吸與心思，其源頭相同。因此，此消則彼退，經由控制呼吸，而制止心思，謂之瑜伽。

瑜伽士能將心思固定在心靈中心處，例如頂上千瓣蓮花位置，持續一段時間，而對身體毫無覺悉。此一狀態，持續進行，則沉入某種平靜的愉悅感。不過，平靜的心思，若萌起而走作，則又回復其物見思維，故當心思外馳時，則有必要以冥想的方法，加以訓練，俾使心思止息，回到真我。當心思已息，則一切努力便告中止。其人若臻及此境，將不再離其真實的本位。寂靜與無為，指如此的境地。

註1：所有修行的方法，皆以心思專注為目標。心思的走作活動，如憶念、遺忘、欲望、憎恨、吸引、捨棄等，皆屬心思走作呈現的態樣，並非生命本然的真實狀態。單純而了無遷染的生命之「在」（being），才是真實本質的狀態。因此，了知生命之「在」的真理，而如如其是，便是了知脫離困縛並摧毀生命的「結」（knot）。當心思尚未能確實臻此寂靜的至境之前，修行者精進於貞定真我，俾保持心思不為雜念所染，乃至為必要。

註2：雖然貞定心思的修習方法不一，但皆殊途同歸，因為無論何人，如能心注一處，則浮思雜念止息，而能專注之，謂之「冥想成就」。採行探究方

法的人，瞭解探究的目標，乃是至上絕對；而採行冥想方法的人，知道冥想的目標，是冥想中其心投注之處，二者之結果並無不同，故修行者應持續精進，以臻目標。

4 「凝止於在」（being still）的狀態，是否須要努力為之，還是無須努力即可達成？

「凝止於在」不是昏沉的無努力狀態。世上一切活動，即一般所謂費力使勁的運作，皆須賴心思為之，間或歇息；然而，交融於真我，或凝止於內在，乃是心思活動的極致，須全神貫注，且無中斷。幻象或無明，無法以其他的方法加以摧毀，唯有經由無聲無息的寂靜之極致運作，乃能滅盡。

5 幻象的本質為何？

幻象使吾人昧於真我之存在，而真我乃真實存在，遍在一切，並自身耀明；反而，看似存在的生命個體、世界、神，確證其為不存在於一切時空。

6 既然真我炳然自耀，何以無法像世上物象般而使人能夠識知之？

無論何物，若被知曉，那是自明的真我存乎其物中，而被知曉。所謂識知或覺知，僅是真我之自身耀明，乃是唯一的覺性之體，而萬物不離真我。若物無覺性，則無法自知，也無法彼此互知；就是因為這樣的態勢，真我依住在無覺性的生命個體裡，不知其自身的真實本質，遂似乎沉淪而掙扎在生死大海中。

7 上主的顯現，遍在一切，如經文所載：「經由祂的恩典，而人被榮飾。」亦即，只有經由祂的恩典，祂乃被知曉，則生命個體如何能在無上主恩典的情形下，憑自己的努力，來獲致了悟真我呢？

正如上主即指真我或恩典，此意味上主無時不示現或顯露而被知曉。若貓頭鷹無睹於太陽的光，那是鳥的失誤，而不是太陽。同理，無明之人，無覺知於靈明的真我，這是別人的過錯嗎？怎能說是真我的失誤呢？因為恩典是上主的粹然質素，而被熟悉為「已然深具幸福的恩典」，所以上主的本質就是恩典，無須加惠其恩典，亦無須在特定時間，施與恩典。

8 真我駐於身體的哪一部位？

一般言，本心位於身體胸腔右邊部位，這是因為吾人指稱自己時，便以手朝向自己胸腔右邊的部位。也有一說：真我位於頭頂上千瓣蓮花的部位，若此說為真，則吾人睡眠或昏厥時，頭部不應下垂。

9 本心的本質為何？

聖典如此載述：在雙乳之間，介於胸腔下方及腹部上面，有六處顏色各異的器官①，其一似水蓮的蕊苞，位於右方兩指幅處，是為本心。本心的逆向，其深處有一孔穴，乃深暗（無明）之所在，充塞欲望，所有的靈性神經，皆依附其上，它也是生命能量所在處，包括心思及（意識之）光②。

雖然如此描述，然則，萬物本心的意涵，亦即真我（阿特曼），其所指述的名稱有：存在、意識、幸福、永恆、圓滿，而且無內外或上下之分別。那是一切思維終結的寂靜狀態，謂之真我；若被了知，則其存在於身體之內部或外部，則毋庸置喙了。

10 此身尚未接與外物，何以心中的物見叢生？

這些物見思維，皆緣於生命潛在的心識印記（*purva samskaras*，或潛伏印象）。當人遺忘生命真實的本質時，則諸多思維在其個人的意識上會萌起，而向外走作。不論有何物見感知，應即探究「是誰在看它們（外物）？」然後，物見將自行消泯。

11 為何三要素（知者、被知者、所知）在深睡或三摩地中杳然無存，卻能自顯於（醒與夢兩境的）真我裡？

在真我裡，萌起的依序是：

(i)反射的意識，是一種耀明。

(ii)生命個體（個人意識），或觀者，或第一個首發的概念。

(iii)現象，即這個世界。

12 真我超越於知識及無明的概念，何以說真我以覺性之姿，遍及整個身體，或深入於諸感知中？

智者說：「在吾身諸心靈神經之源頭與真我之間，有其聯繫。」此聯繫即本心的結（knot），連結覺性與無覺性，直到其人獲得真知之助，乃能斬斷此結。正如精微而無形的電力，流通電線，而有諸多發電，運作神奇；真我的力量，亦貫通諸心靈神經，遍及全身，其覺性深入於諸感知中。若二者之結了斷，則真我依然獨在，並無屬性。

13 真我乃粹質真知，其如何能與相對性的三要素（知者、被知者、所知）有所關聯呢？

這種現象，有如電影影像的運作，詳見表例所述：

電影放映	真我
(1)（內置的）電燈	(1) 那個真我。
(2) 電燈前的鏡頭鏡片	(2) 接近真我的粹質心思。
(3) 影片（連續性的不同圖片）	(3) 精微的諸多思維組成潛在習性流勢。
(4) 鏡片及穿透鏡片的光，加上電燈，形成聚焦的光。	(4) 心思及其光照，加上真我形成觀者或生命個體。
(5) 光透過鏡片，投射在銀幕上。	(5) 真我之光，萌起於心思，經由感官，投射在世界。
(6) 各式各樣的影像，顯現在銀幕的光線中。	(6) 各式各樣的名相，呈現在世界光線中所感知的物象之上。
(7) 運作影片的機制，使影像流動放映。	(7) 神性法則，能呈現心思的潛在流勢。

一如影片透過鏡頭鏡片而投射影像，影像便顯現在銀幕上，則生命個體在醒與夢兩境中，以其潛在的心思印象，呈現出現象世界；亦即，正如影片的微粒，透過鏡頭鏡片，迅即放大成巨幅影像，投射在銀幕，吾人的心思，瞬間擴展其萌發的習性，成為思維叢林，呈現出萬象世界。又如當沒有影像時，則僅有燈光可觀見，當人處於沉睡、昏厥或三摩地情境中，了無心思概念存在時，則唯有真我獨在焉。一如燈光照明穿透鏡頭鏡片，其本身不受影響，則真我輝照著自我，其本身也始終無染。

14 何謂冥想（*dhyana*）[3]？

冥想是以其人之真我，如如其在，駐止其中，而不離位於生命的真實本質，也了無感覺其人在冥想；在這種情態下，其人之醒與夢兩境，幾乎不覺有絲毫分別，而（明覺性的）睡眠也被視為是一種冥想。

15 冥想與三摩地有何別區別？

冥想之獲致，是經由刻意在心思上努力，但三摩地並不須要如此費力。

16 冥想中要注意那些事項？

其人若駐止於真我，不應自其專注的攝守中離散。若離其生命真實的本位，則他可能會目睹燦爛的彩光，或耳聞奇異的聲音，或在其身內或身外，眼觀栩栩如生的神祇之異象。他不應被這些異象所矇騙，而迷失自己。

註1：若不虛耗時間在思維非屬真我之物，而無時不致力於探究，俾深入真我，則獲致了悟真我，及時可期。

註2：在心思未能貞定之前，修持某些虔愛法門，以熱誠之心及宗教情懷，冥想人格化的神祇，使心注一處，則有其必要。否則，心思易被流竄的思維干擾，或流於昏睡。

註3：一旦心力因專注冥想而呈強固，則無須全程修練將心思投注在「我是濕婆」或「我是至上絕對」（即，冥想於無屬性的至上絕對）上，而應採探究的方法，俾深入自己。

註4：修行之極致，在於了無心思概念的存在。

17 修行者的行為準則為何？

適量飲食，適量睡眠，適量言語。

18 修行的時間應多久？

直到擺脫諸概念思維，亦即「我」及「我的」之感知不復存在，而心思處在無費力的自然狀態。

19 獨處的意義為何？

真我遍在，並無獨居之處所。自心思概念中解脫而出的狀態，謂之獨處。

20 智慧的徵象為何？

智慧之美，在於一旦了悟真我，則永離幻見。若與至上的絕對實相有絲毫的分別我見，則必有恐懼。若視身體為真我，則無論何人，必定不是了悟真理之人。

21 若萬事皆依業報而起，則其人如何克服冥想的障礙？

業報僅及於外馳而非內返的心思，尋求真我之人，必不畏懼任何障礙。

22 為了獲致真我，獨身苦行是必要的嗎？

致力於擺脫身體的執著，確實能邁抵真我。思維的成熟及勵行探究，可掃除對身體的執著，此並非指修行者在形式上就人生規劃階段（*ashramas*）的修行場所而言，例如，梵行期之學生。因為執著是指其內在的心思之染著，而修行場所，僅涉及身體所在而已，其如何能祛除內心的執著呢？思維的成熟及探究行法，皆屬心思層面，其為探究，是落在同樣的心思層面上，能對不經意而潛入的心思執著掃除蕩滌。然而，獨身苦行的修練，是獲致無染的手段，而無染是行探究的手段；三者結合，可視為苦行修練的次第，則經由無染，可成為行探究的手段。不過，在未適宜行探究之前，不應浪費生命在獨身苦行的修練上，修行者仍應以居家生活為宜；雖然如此，為獲致心思駐止於真實本質的真我，修行者仍有必要釐清對家庭的幻想及疑慮，亦即在內心上須捨離家庭，這才是真正的獨身苦行。

23 一般通說，一旦有絲毫「我是作為者」的觀念，則無法獲致了悟真我。若修行者是在家居士，他能否於從事家務時，其心了無「我是作為者」的感知呢？

其人在作為時，是否應以作為者的感知而為，誠然並無通則可論定，故對於作為時，其是否有了無作為者的感知，或者僅是作為而已，是無須疑慮的。雖然在別人眼中，其人是職司政府財庫的官員，他整天忠誠執行職務，毫無染著，並瞭解「我和這些錢財無關」，其心了無牽涉。同此心態，明智的在家居士，依其業報而有家居生活，他從事家務，但其心了無染著，好像他是別人手中的工具，則其身之行止與內在之真知，互不扞格。

24 若在家居士不在乎其個人身體之安適，則其人對家庭成員有何用處？家庭成員對他，又有何用處？

雖然他不在乎自己身體的安適與否，但緣於業報，家庭成員必須仰賴他而生活，他被視為是對家庭提供服務。若詢及智者的家庭服務，對他有何益處，則回答是，他已獲得全然的滿足，這是集一切裨益與至上美好，所以他並不會從家庭服務中去得到任何東西。

25 吾人從事家務時，身心的活動，是屬必然，如何能在家務的活動中，一無所為而持心平靜？

智者雖然從事許多宏鉅的事業，其活動僅是存在於別人的眼觀，而非他自己；實則，智者一無所為，因此他的活動，並未干擾其無為與平靜，他深悉活動僅是落在他身上，但他一無施作，故他能對活動，保持平靜的觀照。

26 聖者今世的身心活動，既緣於其業報，則聖者現在的活動，所引發的潛在習性會繫縛在他的來世嗎？

從一切潛在習性中解脫之人，乃為聖者。這樣的聖者，對一切活動，了無牽涉，還有什麼業報的潛在習性能影響他呢？

27 人生規劃的第一階段梵行期（*brahmacharya*）之修行[4]，其意涵為何？

唯有採行探究，深入至上絕對者，得以稱之為梵行。

28 獨身守貞、研習經典的梵行期階段，是人生規劃四階段（*ashramas*）之一，其能為獲致真知的途徑嗎？

獲致真知的途徑不一，如控制感官等，包括在梵行期階段，其所採行的德性修練，對靈性成長，皆有助益。

29 修行者能否從第一階段的梵行期，直接進入四處雲遊的苦行者階段（第四階段遊方期）？

靈性資質優越的修行者，無須依照人生規劃的四階段循序修行，他已證悟真我，不再有各修行階段的區別，故人生四階段的規劃，對他而言，既無助益，也不妨礙。

30 修行者若不遵從種姓制度與人生規劃的階段修行，將會有損失嗎？

獲致真知，乃一切修行之最高目標。至於人生規劃階段中的修行，在不斷獲取靈性的真知時，是否必須要恪遵各階段的規範要求，則並無定論。若他遵從種姓制度或人生規劃階段，那是他裨益於這個世界，而非他自這個世界中獲取利益。當然，他若不遵從規範要求，亦無任何損失。

---

①這裡的六處器官，不同於脈輪之說。

②詳見《真理四十頌：補篇》（*Reality in Forty Verses: Supplement*）第 18-19 則。

第三章

體驗

1 何謂意識之光？

意識之光，乃存在、意識之自身耀明，其對觀者顯露名相萬物之內在與外在。這個存在、意識之存有，得以意識之光所輝照之物而指述之；但意識之光，不會成為意識之客體。

2 何謂靈性的心識之知（*vijnana*）或了知？

那是修行者對存在、意識的寂靜狀態之體驗，有如無波浪的大海，無移動的天空。

3 何謂幸福？

在了知的狀態之中，毫無走作，近似深眠，是怡然平靜的體驗，也稱為「獨存的無分別境地（空無思維，靜寂獨存，如如其在）」（*kevala nirvikalpa*）。

4 超越幸福的境地又為何？

其為境也，心思恆久平靜，在絕對止息的狀態中，類似深眠而有靈明；在此境中，身體與感官皆仍運作，但無外在的知覺，有如幼兒沉睡在深眠中[1]（不覺於母親在餵食他）。瑜伽士在此境中，雖身有行動，但處於無為，此稱為「自然俱生無分別三摩地（個己消融，思維空無，自然至境）」（*sahaja nirvikalpa samadhi*）。

5 權威者謂，世界萬物之移動與否，取決於其人本身，此說為何？

真我乃賦形為身體的「在」，於深睡中潛伏，其能量在萌起後，持「我」之觀念，體驗萬物。真我以感知者呈現在一切感知上，若無「我」存在，則無物可觀知。基於這些理由，萬物來自真我，而回歸真我，殆無疑義。

6吾人之身及我，在世上活躍，為數眾廣，何以說真我唯一呢？

若接受「我是這個身體」的觀念②，則人身在世，確實為數眾廣，但「我是這個身體」的觀念消失，則在真我之境，空無一物，基於這個理由，故說真我唯一。

7權威者說，至上絕對得以心思了知之，又不能以心思了知之。此說為何？

心思不純淨，則不能了知。心思純淨，則能了知。

8純淨的心思與不純淨的心思，又是什麼？

至上絕對無垠的力量，自其本身，脫離而出，結合意識的映照，呈現諸多名相，此為不純淨的心思。若不為意識的映照所拘蔽，經由識別，則是純淨的心思。至上絕對渾然統合的狀態，即是對至上絕對的了知。換言之，其能量為意識的映照所挾持，稱為不純淨的心思，此脫離至上絕對的狀態，就是對至上絕對的不了知。

9 據說業報存乎此身，直至身歿，則吾人得否於存身在世時，便能征服業報？

可以。業報依附在作為者此一居間媒介上，其名為自我，它存繫在身體與真我之間，若能消融於其源頭，而泯除其形態，則作為者既滅失，依附其上的業報焉能續存？

10 真我既然是存在與意識，何以又指述為存在與不存在、覺性與無覺性？

雖然真我是真實，當其充塞一切時，則無二元對立的空間可質疑，故說有別於真實與不真實。同理，其為意識也，則無一物可令其知之，或使其被知，故又說有別於覺性與無覺性。

---

①沉睡中的幼兒，其飲食行為，皆是從別人的觀視而說，幼兒雖顯示有飲食行為，但其自身實則無為。

②「我是這個身體」的觀念，亦稱為本心的「結」。在諸多結中，就是這個結，繫縛著意識與無覺性，致生愁苦。

第四章
成就

1 獲致真知，其境地為何？

堅定而自然駐於真我，心思與真我為一，永不復萌。正如每個人想起自己的身體，其通常而自然的觀念是，「我不是羊、也不是牛，或其他任何動物，而是個人。」獲致真知貞定之人，會說：「我不是物件的元素，以身體為始，以聲音終了，而是真我，亦即存在、意識、幸福，屬內在個體意識。」

2 真知的境地，有七個等級，悟者屬於第幾等級？

他屬於第四等級①。

3 悟者之外，為何還有更優異的等級加以區別？

第四等級至第七等級的畫分，在於其人了悟的體驗狀態，而非涉及真知的境地及其解脫，若就真知的境地及解脫本身而論，則這四個等級，並無差別。

4 解脫乃所有悟者普遍的現象，為何獨以「至上絕對最殊勝的悟者（*varistha*）」受到極度的讚歎？

「至上絕對最殊勝的悟者」之幸福體驗，就全體悟者而言，雖屬普遍性的現象，但其人被高度頌揚，是因為他在其前世累積有極特殊的功德所致。

5 人皆渴望體驗恆在的幸福，為何悟者不邁抵最殊勝的境地？

此一境地，並非以渴望或努力，而能邁抵。其人的業報，是原因之一。悟者在第四等級時，其自我在其源起處，業已滅盡，還有什麼居間媒介，可觸引他興起渴望及試圖努力呢？若還須費力邁抵真知，則非悟者。難道聖典述及最殊勝的悟者時，會指稱其他三個等級之人是未悟者嗎？

6 聖典載述，在至境中，感知與心思俱泯，則又如何以此身與感知而體驗至境呢？

若有此境，則此境與深度睡眠的狀態，並無不同。甚且，若此境僅存於此時，但不存於彼時，則焉能說是自然之境呢？如前所述，境地在其人而言，緣於其業報，發生在某一時段，或臨逝之時，但仍不能視為終極至境，否則撰述吠檀多聖典的偉大靈魂及上主皆非悟者。若在至境中，感知與心思俱泯，而非俱在，則又如何說是圓滿的至境呢？聖者的有為與無為，涉及其人的業報。聖典諸偉大的靈魂宣稱：自然俱生而無分別之境（空無思維之自然至境）（*sahaja nirvikalpa*），乃唯一終極至境。

7 一般的睡眠與醒（明覺）的睡眠（*jagrat sushupt*, waking sleep）有何不同？

一般的睡眠並無思維，亦無覺知，但醒（明覺）的睡眠，有獨在的覺知，這就是為什麼說在睡眠中是醒的，亦即覺知存在睡眠裡[2]。

8 為何真我被指稱為第四境（*turiya*），但又被稱為超越第四境？

*Turiya*意指第四。在生命個體的醒、夢、睡三境中穿梭往返的體驗者，並非真我。為了釐清其間關係，而以物境述明，則真我觀照三境，並與之有別，故稱為第四境。若能了知，則三境俱滅，而真我為觀照之第四境的觀念亦不存矣，這就是又稱真我超越第四境的原因。

9 聖者從聖典中獲取什麼益處？

經文載述，聖者已然是真理的化身，聖典對他，了無用處。

10 獲致神通與生命解脫，二者之間有任何關聯嗎？

僅是覺悟性的探究，便可邁抵解脫，神通是由無明所製造出來的幻象。了悟永恆的真我，才是唯一真實的成就（*siddhi*，另譯「神通」）。任何成就，若有起滅，那是幻象的效應，絕非真實，其成就以享受名聲、歡樂等為目標。這些神通，不過是緣於其人之業報所致，無求自來。吾人應知，與至上絕對融合為一，才是一切成就的真實目標，這也是生命解脫的境界，被稱為合一（*sayujya*）。

11 若這是生命解脫的本質，則為何經典將解脫與此身聯結，而說生命個體的解脫，不可離卻此身而為？

若生命困縛為真實，則才有解脫及其體驗可言，然則，就真我而言，在四境中，皆無困縛。困縛僅是吠檀多學派在言辭的假設前提上，強力宣述而已；其實，既無困縛，則何來困縛的問題，而又何來引生解脫的問題呢？不能瞭解箇中實情，卻去探究困縛與解脫的本質諸問題，則有如去探詢一位無法生育的婦女，其本不存在的兒子的身高、膚色等為何，或者去探究一隻野兔本不存在頭上的角是什麼，這有何意義呢？

12 若是如此，則經典述及的困縛與解脫，均無意義，也皆非真實的嗎？

不，並非如此。反而，自無始以來，無明所編造的困縛幻象，得藉由真知而加以去除。基於此義，「解脫」的說法，得以接受。就是這樣，事實上，諸多敘述解脫徵象的各種不同說辭，適證明其僅為想像而已。

13 若是如此，則諸多努力，例如研讀、聽聞、審思等，皆為無用？

不，並非如此。一切努力的最高要旨，在於確然洞明既無困縛也無解脫。經由直接體驗，而有膽識，能洞澈無困無解，乃是上述諸多努力的修行之所致，故其努力，誠屬有用。

14 有任何權威的經典支持無困縛無解脫的說法嗎？

此說取決於體驗的強度，而非僅是經文的強度。

15 若說是經由體驗，則又如何體驗呢？

困縛與解脫，僅是語詞，其本身並不具實質，故無法自身運作，然若有某些修辭用語，自當接受。若問：「是誰在困縛與解脫呢？」則可知「是我。」又問：「我是誰？」則可知並無「我」這個東西，然後吾人了知，所存留者，乃是你生命真實的「在」，一如你手中有一顆庵摩勒（*amalaka*）果實[3]，一目瞭然其在。當吾人能脫離詞語上的議論，深入自己的內在，並獲得體驗時，了悟之人，無復疑惑，因為在真我而言，一致洞悉，既無困縛，亦無解脫。

16 若既無困縛，亦無解脫，則實際的苦樂經驗，又是什麼道理？

人若離卻其生命的真實本質，則苦樂的呈現為真，但其實並不存在。

17 有可能使每個人直接了知生命的真實本質，而無絲毫疑惑嗎？

毫無疑問，這是可能的。

18 如何辦到？

每個人在深睡或昏厥時，皆有此體驗，其時整個宇宙的動靜行止，始於地球，終而隱微於無形，但他個人並未滅失。因此，人人俱有的粹然之「在」，而為人人所直接體驗者，乃是其人生命的真實本質。結論是，悟者與無明者之一切經驗，其描述內容可能迭出新詞，但皆落在生命真實本質的對立面而已。

---

①真知七等級有：（1）渴望開悟、（2）探究、（3）精微心思、（4）了悟真我、（5）無染、（6）無感知於外物、（7）超越。其成就在後面四級（4, 5, 6, 7），依序稱為：至上絕對之悟者、至上絕對優異之悟者、至上絕對最佳之悟者、至上絕對最殊勝之悟者。

附錄一

拉瑪那尊者生平事略

拉瑪那尊者（Sri Ramana Maharshi, 1879-1950），幼名維克達拉瑪．艾耶（Venkataraman Iyer），一八七九年十二月三十日誕生在印度南方泰米爾．納德邦（Tamil Nadu），蒂魯丘立（Tiruchuli）小鎮。十五歲時，有位親戚長者來訪，告以來自聖山阿魯那佳拉（Arunachala），位於蒂魯瓦納瑪萊（Tiruvannmalai）城鎮；從此，聖山之名，便在維克達拉瑪的內心深處，啟發靈動，縈懷不去。翌年（一八九六年），維克達拉瑪在馬杜賴（Madurai）的叔父家裡，身歷瀕死經驗，引發對生命真我的探究與開悟。

同年八月二十九日，他隻身離家前往聖山所在地的蒂魯瓦納瑪萊。一九〇一年，他與若干同伴信徒，居留於阿魯那佳拉山腰處的維魯巴沙洞屋（Virupaksha Cave）。此期間，有慕道者加納帕提．慕尼（Ganapati Muni），問道於他，拉瑪那（開悟後，改稱「拉瑪那」）打破長期噤語，金口開示，其弘深精奧的教導，乃源源而來，慕尼盛讚之餘，公開宣稱：「讓舉世皆知，他是薄伽梵．拉瑪那．大悟者（馬哈希）。」（Bhagavan Sri Ramana Maharshi），從此以後，拉瑪那被尊稱為「薄伽梵」、「大悟者（馬哈希）」，阿魯那佳拉的聖者之名，乃遠播於印度，確立為靈性上師的地位。

一九一六年，拉瑪那遷居於維魯巴沙洞屋上坡處的「史堪德道場」（Skandashram），一九二二年，拉瑪那母親仙逝，葬於阿魯那佳拉南邊的山腳下，信徒前來拜祭者眾，寖然形成聚落，乃建立「拉瑪那道場」（Sri Ramanaramam）。拉瑪那在道場的舊廳（Old Hall），朝夕安坐在廳內角落的長椅沙發上，凝定於淵默之中，平淡和易，靜默無語，或隨機應答，信徒及訪客，翕然宗之。一九四九年，拉瑪那左手肘突生一粒癤腫，鑒於惡性腫瘤，施以四次手術，終告不治，於一九五〇年四月十四日晚間，平靜謝世。拉瑪那在世七十一年的歲月，居留於聖山阿魯那佳拉五十四年期間，有二十八年坐鎮在聖山南麓的拉瑪那道場，啟示世人，教澤綿延，迄未衰替。

◎本文摘自蔡神鑫《真我與我》〈生平篇〉（台北市：紅桌文化，2014）22-80頁。

附錄二

延伸閱讀書目

Talks with Sri Ramana Maharshi

記錄者　Munagala Venkataramiah

一九三五年至一九三九年，拉瑪那正值壯年，在道場舊廳，海內外訪客及信徒，紛來參訪，於靜默傳心之餘，對答精闢，議題不一，內容豐富，經信徒筆錄成書，是瞭解拉瑪那教誨必讀的經典性書籍，被廣大信徒及學者公認為是拉瑪那教誨書籍的「聖經」。

本書有中文版，書名《對話真我》上下卷，紅桌文化出版。

Day by Day with Bhagavan

記錄者　A. Devaraja Mudaliar

本書記錄者是拉瑪那親近的信徒，記錄在道場上聞見拉瑪那與訪客信徒的談話與互動，作為道場日誌，內容翔實，記錄期間自一九四五年至一九四七年一月。本書的評價甚高，次於*Talks*一書，並列為經典性教誨書籍。

本書有中文版，書名《日處真我》，紅桌文化出版。

Letters From Sri Ramanasramam

記錄者　Suri Nagamma

本書是女信徒Suri Nagamma致其兄長的信函，計二百七十三函，期間自一九四五年至一九五〇年，記載拉瑪那在道場的談話與起居活動，內容多元而豐富。本書與*Talks*、*Day by Day*兩書，共列為三本經典必讀書目。

本書有中文版，書名《真我信箋》，紅桌文化出版。

Maharshi's Gospel

記錄者　信徒

本書是知名信徒摩里斯・佛利曼（Maurice Frydman）與拉瑪那尊者對話的輯本，佛里曼匿名出版，內容分上下兩卷，採問答體例，議題兼具理論闡述與實務修行。在道場傳閱甚廣，普獲訪客及信徒喜愛，是一本不可多得的教誨性書籍。

本書有中文版，書名《真我宣言》，紅桌文化出版。

Gems from Bhagavan

編者　A. Devaraja Mudaliar

本書編者與*Day by Day with Bhagavan*的記錄者係同一人。本書總覽拉瑪那教誨精粹的部分，凡十三個主題，涵蓋理論與實務，是拉瑪那教誨書籍中最精簡扼要者。台北市紅桌文化，獲道場授權，譯成中文，書名《稀世珍寶》。

The Collected Works of Ramana Maharshi

編者　Arthur Osborne

內容涵蓋拉瑪那重要專文、詩頌讚歌、古經文英譯，是閱讀拉瑪那手撰著述最重要的英譯版書籍，可謂拉瑪那教誨的原始經典。

Be As You Are: The Teachings of Sri Ramana Maharshi

編者 David Godman

拉瑪那教誨編纂諸書中之佳作，廣受好評，編者早期在拉瑪那道場圖書館整理資料，係當今專研拉瑪那之知名學者。

Padamalai

作者 Sri Muruganar

譯者 Dr. T. V. Venkatasubramanian, Robert Bulter, David Godman

編者暨注釋者David Godman

本書是拉瑪那重量級信徒穆魯葛納（Sri Muruganar）以坦米爾文記述拉瑪那的教誨。作者晚年將其畢生手稿託付信徒沙度・翁姆（Sadhu Om）整理出版，書名*Sri Ramana Jnana Bodham*，共九冊，其中第九冊的主題是Padamalai內載許多直接引述拉瑪那的教誨，計三千零五十九則詩頌，編者David Godman擷取其中一千七百五十則，譯成英文，分述八篇議題，加以注釋，書名為*Padamalai*，是深入瞭解拉瑪那教義的重要書籍。

譯註

譯序

1 約於一九〇〇到一九〇二年，拉瑪那尊者居於維魯巴沙洞屋（Virupaksha Cave），有精進向道的信徒前來請益，時拉瑪那噤語默修，將其答覆，或寫在字條，或用手指寫在沙地上，於一九二三年，首度以坦米爾文出版〈我是誰〉專文，其後多次再版，內容以二十八則或三十則問答體例編寫，此為問答版的〈我是誰〉專文，今通行的問答版，有二十八則問答對話；而拉瑪那於一九二六年親自整理問答版內容，刪除提問、標題及若干內容，手撰成散文體例，是為散文版的〈我是誰〉。

另一專文〈探究真我〉，於一九二〇年代末期，以問答版發行，內容計四十則對話，其後拉瑪那刪除提問，編寫成散文體，分十二章節敘述，是為散文版的〈探究真我〉，乃拉瑪那生平親自撰述的第一篇專文，其撰寫的時間約略早於編寫〈我是誰〉專文。這兩篇散文版專文，後人譯成英文，收錄在亞瑟·奧斯本（Arthur Osborne）主編《拉瑪那尊者著作合輯》（*The Collected Works of Ramana Maharshi*）。今兩專文之散文版與問答版，併行於世。

台灣曾出版拉瑪那的譯本《回到你心中》（*The Spiritual Teaching of Ramana*

Maharshi）（台北市：方智出版，1933），內有〈我是誰〉專文，係採問答版本，與本書不同。

2 散文版的英文譯本有兩種，一是拉瑪那道場印行，收錄在亞瑟．奧斯本主編的《拉瑪那尊者著作合輯》書內。另一是知名信徒沙度．翁姆（Sadhu Om）的譯本，收錄在其著作*The Path of Sri Ramana, Part One*書內。兩英譯文本，均獲拉瑪那信徒重視。

3 根據亞瑟．奧斯本的說辭：拉瑪那約於一九〇一年手撰《探究真我》，時年二十二歲，是拉瑪那生平第一篇專文，於同一時期，又撰《我是誰》，但大衛．戈德曼（David Godman）稱，拉瑪那於一九二六年親自撰寫《我是誰》，而《探究真我》一文，另有他人編輯。詳見Arthur Osborne ed., *The Collected Works of Ramana Maharshi* (Boston: Weiser Books, 1997) p. 17, 39。及"*Talks on Sri Ramana Maharshi: Narrated by David Godman - Self-Enquiry*" https://www.youtube.com/watch?v=UDVQC_uHRCI, Retrieved 12 September 2015.

導讀：拉瑪那尊者給你翅膀

1 謝夏雅係虔誠禮拜羅摩（Rama）神的信徒，又精研維亞克南達（Vivekananda，或譯「辨喜」）的王者瑜伽（*Rajayoga*），故〈探究真我〉內容中有專章，論瑜伽八支法。但他對《羅摩吉塔經》（*Rama Gita*）的奧義，不甚理解，前來向拉瑪那請益。

詳閱Krishna Bhikshu, *Sri Ramana Lella*, trans. by Pingali Surya Sundaram (Tiruvannmalai: Sri Ramansramam, 2006) p. 78.

2 Gabriele Ebert, *Ramana Maharshi: His Life*, trans. by Victor Ward (Luchow Verlag: Stuttga, 2003) p. 77.

3 納塔那南達，或稱納塔那南達史瓦米（Natananandaswami），或沙度．納塔那南達（Sadhu Natanananda）係小學教師。詳見Krishna Bhikshu, op. cit., p. 150.

4 參閱Krishna Bhikshu, op. cit., p. 79.又有一說：甘布倫．謝夏雅的文件，係其家人交給西瓦普雷克薩姆．皮萊（Sivaprakasam Pillai）編輯，再經由納塔那南達彙整成問答體例，詳見*Self-Enquiry: Vicharasangraham*. trans. T.M.P. Mahadevan. http://bhgavan-ramana.org/vicharasangraham.html, pp. 2/14-3/14, Retrieved 8 September 2015.

5 Arthur Osborne, ed., *The Collected Works of Raman Maharshi* (Boston: Weiser Books, 1997) p. 17.

6 皮萊著作的書名是*Sri Ramana Charita Ahaval*, 見A. R. Natarajan, *Timeless in Time: SriRamana Maharshi*, with a Forword by Eliot Deutsch (Bloomington, Ind.: WorldWisdom, 2006) p. 48.

7 Ibid. 又參考David Godman講述拉瑪那，在YouTube影片中："Talks on Sri Ramana Maharshi: Narrated by David Godman ｜Self-Enquiry" http://www.youtube.com/

watch?v=UDVQC_uHRCI，發布日期：二〇一五年九月二十一日。

8 V. S. Ramanan, pub., *Talks with Sri Ramana Maharshi*, silm ed. (Tiruvannamalai: Sri Ramanasramam, 2010) p. 297-298 (Talk 322), p. 428 (Talk 441), p. 579 (Talk 602).

9 Krishna Bhikshu, op. cit., p. 154.

10 Ibid., p. 156-157.

11 V. S. Ramanan, op. cit., p. 579 (Talk 602).

12 Ibid.

13 Sri Sadhu Om, *The Path of Sri Ramana*, Part One (Tiruvannmalai: Sri Ramana Kshetra, 2008) p. 122.

14 〈真理四十頌〉（*Ulladu Narpadu, Reality in Forty Verses*）係拉瑪那以坦米爾文手撰，內文引自其第二則，譯文採自沙度・翁姆的譯本。參閱*Sri Sadhu Om*, op. cit., Part Two, (2006) p. 1.

15 Swami Madhava Thirtha, "Conversations with Bhagavan", *The Mountain Path*. July 1981, p. 153. quoted in A.R. Natarajan, comp., *A Practical Guide to Know Yourself* (Bangalore: Ramana Maharshi Centre for Learning, 2009) pp. 129-130.

Sri Muruganar, *Guru Vachaka Kovai*, ed. David Godman (Boulder, Co: Avadhuta Foundation, 2008) v. 99, p. 48. V. S. Ramanan, op. cit., p. 247 (Talk 280), p. 300 (Talk 323)

16 V.S. Ramanan, op. cit., p. 405 (Talk 420).

17 Sadhu Om, op. cit., Part Two, pp. 1-3.

18 載於〈教導精義〉第十九、十七則，參閱Arthur Osborne, op. cit., p. 85.

19 A. D. Mudaliar, *Day by Day with Bhagavan* (Tiruvannmalai: Sri Ramanasraman, 2002) p. 43.

20 V. S. Ramanan, op. cit., p. 30 (Talk 28).

21 Sadhu Om, op. cit., Part One, p. 124, 126.

22 Ibid., p. 168.

23 A. D. Mudaliar, op. cit., p. 344.

24 Ibid., p. 282. 拉瑪那曾對一位通神學會的成員說過相同的話。見V.S. Ramanan, op. cit., p. 335 (Talk 354).

25 V.S. Ramanan, op. cit., p. 373 (Talk 390).

26 Dr. Harsh K. Luthar, "Self-Inquiry: The Science of Self-Realization" luthar.com/2007/06/29, Retrieved 27 June 2015.

27 A. D. Mudaliar, op. cit., p. 256

一、我是誰

4 （在深度睡眠中），係參照沙度・翁姆（Sadhu Om）的〈我是誰〉英文版本而以括弧加入。詳見Sadhu Om, *The Path of Sri Ramana*, Rart One (Tiruvannamalai: Sri Ramana Kshetra, 2008) p. 184.

6 阿特曼（*Atman*），指真我（Self），乃萬物之基礎、生命之底蘊、一切之本源。

8 指醒、夢、睡三境。

9 通靈異能，向為拉瑪那尊者所告誡，詳見Munagala Venkataramiah, ed. *Talks with Sri Ramana Maharshi* (Tiruvannamalai: Sri Ramanasramam, 2010) pp. 14-15 (Talk 18), pp. 16-19 (Talk 20).

13 所指稱的「我」，若干中文譯本，皆譯「自性」(真我)，閱陳健志譯，《回到你心中》（台北市：方智出版，1993）27頁。又閱拉瑪道場網站（www.sriramanamaharshi.org）〈我是誰〉中譯文。但知名信徒沙度・翁姆（Sadhu Om）的英文版〈我是誰〉，在其附註中，述明「我」是指自我，或我的感知。本書譯文從沙度・翁姆的見解。參閱Sadhu Om, op. cit., Part One, p. 193

16 「另一種不同的身層」，指五身層中，心思意念之意身層，萌起而運作。

二、探究真我

第一章　我是誰

1 古印度哲學「數論派」（sankhya）有五大元素之說，指地、水、火、風、空等，形成宇宙萬有的粗大基本元素，參閱孫晶，《印度六派哲學》（台北市：大元書局，2011）145頁。

第二章　心思

2 識身層，指五身層中的第四身層，主心智理性。

第八章　解脫

1 *Jivanmukti*又譯「現身證涅槃」、「有餘依涅槃」，*Videhamukti*又譯「命終證涅槃」、「無餘依涅槃」。參閱湯用彤，《印度哲學史略（上）》，湯一介主編，《湯用彤全集》卷四，（高雄市：佛光文化，2013），104頁。或譯「有身解脫」、「無身解脫」，見（日本）木村泰賢著，釋依觀譯，《原始佛教思想論》（新北市：台灣商務印書館，2019）252頁。

2 根據古印度「數論派」的論述，構成「實在」的兩個根本範疇是精神（*purusa*，神我）及物質（*prakrti*，原物）。物質由薩埵（*sattva*，純淨）、羅闍（*rajas*，躁動）、答摩（*tamas*，遲鈍、昏暗）等三種不同的質性（gunas）構成。薩埵造成所有好的及光明之物，答摩負責所有不悅的及沉重之物，羅闍產生活動。此三質性的力量不平衡時，乃顯化萬物現象。參閱林煌洲譯《印度教導論》（台北市：東大圖書，2002）125-127頁。

印度哲學《數論派》稱三質性為「三德」（*triguna*），或譯為「輕明、躁動、笨暗」參閱湯用彤，前揭書，173頁。

第九章　瑜伽八支法

1 瑜伽八支法（*ashtanga*）的八支條項譯名不一，根據傳統的漢譯佛經，其專門術語有：夜摩、尼夜摩、坐法、調息、制感、執持、靜慮（禪那）、等持（三昧）。本書譯名係根據原書英文直譯，避免晦澀的術語。傳統的專門術語，詳見孫晶，《印度六派哲學》（台北：大元書局，2011）162-164頁。湯用彤，《印度哲學史略（上）》湯一介主編，《湯用彤全集》卷四，（高雄市：佛光文化，2013）206-211頁。（日本）木村泰賢著，釋依觀譯，《梵我思辨》（新北市：台灣商務印書館，2016）173-175頁。

三、靈性教導

教導要旨

1 吠陀（*Vedas*）之義是知道、知識、啟示，泛指古婆羅門教所有的典籍，是婆羅門教和印度教最根本的聖典，其主要文獻有四種，以《梨俱吠陀》（*Rg-Veda*）最重要。阿笈摩（*Agamas*）是神學論述及祭祀儀軌手冊，被視為吠陀之外的重要文獻。

第一章　教導

1 濕婆派極成說（*Savia-siddhanta*），又譯「希瓦（濕婆）經典派」，屬南印度希瓦派哲學體系，其主要經典是二十八部《希瓦阿笈摩》（*Savia-Agamas*）、希瓦派聖者詩頌等。信徒行虔愛奉獻，奉祀希瓦（濕婆）。參閱T. M. p. Mahadeven, *Outines ofHindusim* (Bombay: Chetana Ltd., 1954)林煌洲譯，《印度教導論》，中文版，（台北市：東大圖書，2002） 41, 171-2頁。

第二章　修行

3 *Dhyana*英文譯為meditation，中文譯名不一，有冥想、禪那、靜心等。行

meditation時，初期修行者冥然持心投注於某特定對象物或聖名。然迨至高階修持時，修行者其心與投注對象合一，成為無人（我）存在的覺知、觀照狀態。

4 吠陀典籍，載及人生規劃四階段（*asramas*）：梵行期（*Brahmacharya*）、家庭期（*Grhastha*）、森林期（*Vanaprastha*）、遊方期（*Sannyasa*）。譯名參照林煌洲，前揭書，35頁。

第四章　成就

2 梵文*jagrat*是醒境，*sushupti*是無夢之睡眠，兩字英文譯為waking sleep。其中waking（醒）並非指身體感官認知或心思概念的醒，乃是指意識之明覺，或真我之輝照。蓋意識或真我，貫穿三境，不為三境之遷流而改易，如如其在也，其「在」(being)以明覺（awareness）或輝照（shine）為本質，此為上述「醒」之意涵，故此處的「醒」是指意識之明覺，或真我之輝照，於睡境中存在焉，故曰waking sleep。

3 *amalaka*，梵文譯「庵摩勒」，又稱「餘甘子」，果實可食，味酸，可生津止渴，生產於印度、斯里蘭卡、印尼、馬來西亞、香港、廣東、廣西、福建等地。

真我三論
印度靈性導師拉瑪那尊者的
核心教誨
Sri Ramana Maharshi's
Words of Grace
Who Am I?
Self-Enquiry
Spiritual Instruction

作者　拉瑪那尊者 Sri Ramana Maharshi
譯者　蔡神鑫 Sheng-hsin Tsai
校稿　劉美玉
美術設計　方法原創
總編輯　劉粹倫
發行人　劉子超
出版者　紅桌文化／左守創作有限公司
10464 臺北市中山區大直街 117 號 5 樓
Fax: 02-2532-4986
印刷　約書亞創藝有限公司
經銷商　高寶書版集團
11493 臺北市內湖區洲子街 88 號 3 樓
Tel: 02-2799-2788 Fax: 02-2799-0909
書號　ZE0152
ISBN　978-986-06804-6-1
初版　2016 年 8 月
二版　2022 年 3 月
新台幣　280 元
法律顧問　詹亢戎律師事務所

Sri Ramana Maharshi's Words of Grace
by Sri Ramana Maharshi
Chinese Translation by Sheng-hsin Tsai

國家圖書館出版品預行編目（CIP）資料

真我三論：印度靈性導師拉瑪那尊者的核心教誨 / 拉瑪那尊者（Sri Ramana Maharshi）著；蔡神鑫譯 －二版 － 臺北市：紅桌文化，左守創作有限公司，
2022.03,140 面；14.8×21 公分 －（真我；3）
譯自：Sri Ramana Maharshi's Words of Grace : Who am I? Self-Enquiry, Spiritual Instruction.
ISBN 978-986-06804-6-1（平裝）
1.CST: 印度教 2.CST: 靈修
274 111002965